子どもが変わるドラマのセリフ

もっと話がうまくなる

丹野清彦・著

高文研

はじめに

あなたは、自分の話し方に満足していますか。

あなたの言葉は、子どもの心に届いているでしょうか。

この本では、話し方のコツをドラマや映画のセリフを使い、21のエピソードとともに載せています。自分の思っていることが相手に伝わり、子どもといい話ができると、私のなかに風が通り、気持ちの循環がよくなりました。どう話すのか。相手に自分を理解してもらいたいと、願う気持ちが必要です。私が、話し方を考えるようになったのは、こんな出来事からでした。


梅雨の時期に、5年生の子どもに反抗されて腹が立ち、ひっぱたこうとしたら相手の子から思いっきり胸を突かれました。ガーン、奈落の底に沈んでいると、もうひとりの自分が、

(昨日見た金八先生も、生徒になぐられていたよ)

どこか不思議な言葉が聞こえてきました。

（ぼくって、ドラマの主人公なの？）

ほの明るさを感じました。


「もっと自分を大事にしろよ。

そうやって傷ついているのは、お前自身だろ」


ドラマのセリフを使うと、彼は泣き崩れました。それを見て、

（ドラマのセリフは役に立つ・・・）

と思いました。

それから、ドラマや映画のセリフをメモするようになりました。

ドラマのセリフは、どこか気楽でユーモアがあり、私と子どもの向き合い方や距離の取り方を変えてくれました。おかげで、どんなに子どもと関わることが楽になったことでしょう。


話がうまくなりたいと思っても、ついだれかと比べて、「あの人は、もともと話

がうまい」と思い、あきらめがちです。私もそうでした。けれど、話のうまい人を観察していると、ひとつの形がありました。典型的なのは落語です。お芝居の展開にも同じことが当てはまりました。連続ドラマの展開も、回が進むにしたがって一定のパターンがありました。これを話し方に取り入れれば、もっと話がうまくなると確信しました。すべては真似ることからです。

では、具体的にどう話すと相手に言葉が届き、もっと話がうまくなるのでしょうか。本書では、ポイントとスピーチモデルにわかりやすくまとめました。この通りにまず話してください。試して、反応を見て、あなたなりの話し方をつくるのです。

Ⅰ章では、多動で落ち着かない子に、どう話せば聞いてもらえるのか、気になる子を中心に個別の話し方を書きました。立ち歩く子がいて困る、言うことを聞いてくれないと、よく相談されるからです。

Ⅱ章は子どもに話させるコツをまとめました。授業でも、圧倒的に教師が話し、子どもに意見を求め、広げることが少なくありませんか。もっと子どもの声を拾い、子どもと一緒に授業や学級をつくりたいと思います。

Ⅲ章には、授業を中心に子どもをつなぎ、どの子も尊重される話し方を書いています。子どもたちの前で、どう話すことが子どものやる気を引き出すことになるのか、整理しました。

ここに登場する子どもは、実際に私が出会った子どもたちです。

「ちゃんと話を聞いください」

と声をかけると、反抗されました。それがきっかけで、はじめて話し方を意識し、しっかりと言葉を探すようになったのです。今になって振り返ると、ハードルが高かったからこそ工夫したと思います。

話を工夫すると、学級が落ち着いてきました。話のおもしろい先生と言われるようになりました。話し方ひとつで相手の反応は変わり、学級が安心できるところになりました。

大事なことは、話し方だけではありません。声のトーンやタイミング、どの位置から声をかけるのか、なども重要です。この本には、そういう話し方のコツを、エピソードとともに載せています。

あなたの話し方がうまくなると、子どもたちは幸せになり、落ち着くはずです。子どもが落ち着けば、あなたも幸せになるでしょう。そのために、あなたの話し方を変えてみませんか。

あなたがページをめくる度に、楽しいカットとドラマのセリフが待っています。

カバーデザイン＝細川　佳
カバーイラスト＝葛西映子
本文イラスト＝広中建次

I

子どもが変わる
7つの話し方

1 5分で笑わせる
名前が出る、地名が出る密着型

❖どうやったらおもしろく話せるの？

私は日本中、ほぼすべての都道府県で講演をしてきました。人前で話すことが今ではとっても好きになりました。実は、手をあげて堂々と発言することは苦手です。でも、時間をもらい話してくださいと頼まれるとホッとしました。出会ってきた子どもの話ができる。それは子どもたちと再会する感覚になりました。みんなが寝静まった夜、たったひとり仕事をしながら振り返る、遠い過去の出来事は私をやさしくしてくれました。

しかし、どう話を展開すると聞き手を引き込み、うまく伝えることができるのか。話が複雑では意味がつかみにくいと思います。一方、シンプルすぎると大事なものを失ってしまう感があります。何かが必要です。もっと話がうまくなりたいと思います。

いろいろな土地で話して感じたことは、地域性があるということです。同じように、学校や学年によって話の反応が変わるということです。では何が最も大切なのでしょう。それは、話がおもしろいことです。話の早い段階で聞き手を笑わせます。

話を聞く側からすると、初めの10分程度は我慢して聞いていますが、つまらないと思うと目を閉じます。大学生も15分ほどで寝ようとします。このわずかな時間で話を聞くか聞かないか判断し、次の態勢に入っているようです。幾度となく打ちひしがれ、頭の中で振り返り再生し、相手に届く話し方を探しました。

大事なことは、初めのうちにおもしろいと思わせることです。子どもたちはもっと短いスパンで話を判断します。初めの5分です。いいところは大人より単純なので、おもしろければいいのです。子どもが喜ぶ、聞きたくなる話し方のポイントは、次の3つです。

自分の名前が出る
知っている人や友だちが出る
住んでいる土地が出る

「きのうね、今井くんがサヨナラのあとで教室に戻ってきました。どうしたの？と聞くと、『宿題プリントを忘れた』と言いました。さて、今井くんは無事に宿題をしてきたのでしょうか」と話すと、子どもたちはゲラゲラ笑います。知っている人が出てくると話を身近に感じるからです。この子どもたちの反応を授業に使えないでしょうか。問題文をどこのだれか知らない名前にするのではなく、学級の子どもの名前を使った問題にすると、それだけで親近感が湧き、初めの5分で子どもたちを引きつけることができます。

講演会では、笑ってもらいたいと思っています。笑うことは緊張を吹き飛ばし話す側と聞く側の垣根を取り払い、一体感をつくる大変好ましいものなのです。ベテランの特に女の人は大きな声で笑い、たまに途中で手をたたき、ハンカチで涙を拭き始め、はっきりと反応してくれます。こうなると成功です。でも最初は聞く側も緊張しています。そこで一息入れ緊張を解くためにふたつのことを行います。

クイズを出し、近くの人と話し合ってもらう
いくつかグループをあて笑いをとる

今井くんが宿題プリントをとりに戻ってきた。戻ってくる前には、どんなことが起こっていたのでしょうと、クイズにしてグループごとに予想してもらいます。すると、お母さんに問い詰められて忘れたことに気づいたとか、帰ってすぐにランド

セルの中を見たらなかったから戻ったとか、帰り道に思い出したと答えます。2つか3つのグループを指名し考えたことを発言してもらいます。初めの2グループには、「なるほど、たしかにそうですね」や「近いなあ」と反応しますが、3番目には「まったく違う」と返します。これで爆笑です。返すコメントで笑いをとります。こうやって子どもたちも、アウトプットすることを通してだんだんとなごみ、話になじんでいきます。

年明け早々に北海道の釧路《くしろ》湿原を見に行きました。一面雪の世界。マイナス21度です。展望台に立ち、雪に覆われた湿原を眺めタクシーに乗りました。すると女性の運転手さんが「お兄さん何かあったべか」と聞いてきました。いいえと答えると、「無理して本当のことを言わなくていいよ。人生はいろいろある。こんな時期に一人で湿原を訪れる人はいないさ。死ぬんでないよ」と心配されました。

私は講演会の前に、一度行ってみたかった釧路湿原に寄り、それから札幌に戻る予定でした。こんな出だしの話は講演会では大うけで、子どもたちの前で話しても笑いがとれます。この話には、地名が出る、様子が目に浮かぶなどのおもしろさがありますが、それに加えて笑いをとるうえで大事なことは、

失敗を語ること

です。失敗した話は気取りがなく、自分のことのような気がして身につまされます。人の失敗談ほど笑いながら聞けることはありません。そういう点から「先生の失敗コーナー」は人気でした。朝の先生の話です。連絡事項は紙に書いて貼り出し、先生の失敗から学ぶシーンです。

子どもの頃、原っぱでかくれんぼをしていたら、ひとりどうしても見つからない。家に帰ったのかと思ったがいない。どうしていたと思う？　ここでグループ活動を取り入れ話し合ってもらいます。各グループの予想を聞いたあと、実は原っぱには古井戸があって、ひとつ上の先輩は隠れるときに井戸に落ち、ぷかぷかと2時間浮いていました。古井戸から声がして、近くのおじさんがロープで引き揚げてくれました。ぼくがその先輩にそっと、井戸は深かった？　と聞くと、一度底まで潜ったら3メートルはあったと答えました。遊ぶ場所は考えた方がいいよ、と話をまとめます。

こんな話は、どっと笑わなくても臨場《りんじょう》感があるので、子どもたちを引きつけます。胸にストンと落ちる納得の話し方で、何も隠していないからだと思います。当たり前のきまりを守る話は、煙たがられ聞き飽きています。5分で笑いをとり、子どもの興味を刺激し話に引き込む。これは授業の冒頭でもできることです。

話のポイント

名前が出る、地名が出る密着型

初めの5分が肝心ということで、どう子どもたち聞く側の関心をつかむのか、出だしの話題を準備しておきたいです。だれでもすぐにできる話し方として、子どもの名前や知っている人の名前、土地の名前を使い親近感を持たせます。ニュースやテレビ番組、子どもの書いた作文も同じように興味を引きます。

スピーチモデル

前話で引きつける

★★★★

「きのうね、宮原くんが夢に出てきました。自転車に乗って危ないと思った瞬間、何が起こったと思う？　そこからは授業のあとで。では始めよう」

★★★★

具体的にだれかの名前が出る前話は、「おもしろそうだ」と、子どもの関心を誘います。

2 お願いです。持ち上げる

やる気のない危険な子

❖寝るな、本とノートを出せ！

人の話を聞くのは面倒で退屈です。いつ終わるのかわからない、起承転結のない話が多すぎます。けれど、自分の話は聞いてほしいと思います。本来、自分は何の工夫もしていないのに、相手が聞いていないと腹が立ってくる。そんな都合のいい経験があるはずです。

小次郎は始業式の日に休みました。お母さんは、「うちの子は喘息がひどいので、朝8時ぐらいにしか起きません。毎日遅刻します」と電話してきました。電話してきただけいいです。確かに小次郎は毎日遅刻しました。席に着くと椅子からはみ出したおしりをかき、トトロのようなお腹をさすりながら寝ます。

「あのう、本とノートを出してくれませんか」

私は肩を揺さぶりました。小次郎は細く目を開けて、

「勉強？　おれいらない」

どこか冷たく答え、また寝ます。その様子をまわりの子が真似《まね》ようとします。

「本とノートを出そうよ」

やさしさを装いながら、私は小次郎のカバンから本とノートを出して机の上に置きました。まわりの子どもたちが見ていることを意識していました。

「やる気になったらできるやん」

見つめると、

「出したのはおまえやねえか！」

小次郎が声変わりをしていない声をあげました。

「断らなかった小次郎は偉いよ」

つかの間、まわりの子どもが落ち着きます。

大事なことは、まずまわりを静めることです。しかし、小次郎には勉強する気がありません。足をバタバタ動かし、椅子から落ちる。落ちたあとにイカのようにペタっと寝そべる。うらやましい限りです。

何度めかのトラブルが、5月の中旬に起きました。子どもたちは、小次郎をからかいました。すると小次郎は教室のドアに隠れ、からかった子が戻ってくると、ガブッと腕に噛み付きました。

「イテーッ！」

叫び声があがります。小次郎は離しません。

「もういいんじゃねえか」

声をかけても、体をゆすっても離しません。掃除時間いっぱいに噛み付きました。歯型がくっきり付きました。小次郎の歯並びは美しかったです。本もノートも出さない。無気力で学習意欲がない。危険で困った子です。

5月の終わりに渡り廊下に呼び出し、

「本とノートを出せよ」

ぶきっちょな大人の声を出し、小次郎を廊下のコンクリートの柱に押し付けました。

「せんせい、せんせいは、ぼくを脅すんですか」

小次郎は目を丸くしました。

(おまえ、意味がわかってるんか)

口には出さない心の中の叫び。このままでは怖い脅す教師になりそうです。下手をしたら体罰教師になってしまいそうです。私は、言うことを聞かせることばかり気にしていたのかもしれません。けれど、どう接したらよいのでしょうか。腕を組み、しばらく考えました。すると、お芝居のセリフが頭をよぎりました。ミュージカル

の歌です。小次郎のプクッと膨らんだお腹を、1回、2回と丸くさすりながら、

「王子様、王子様、お腹の大きな王子様、本とノートを出していただけませんか」


お芝居ではマントを付けた王子様が踊り始めました。

「だれが王子様？」

「もちろん、小次郎様です」

「せんせいはなに？」

ひやりとした冷たさを感じさせ、こっちを指差してきました。子どもに指差された気分は灰色です。気持ちを切り替え、

「できれば、大臣でお願いします」

私は家来になりました。小次郎は大きく頷き、

「大臣、本かノートのどちらかなら出していいぞよ」

満面の笑みを浮かべました。私はすかさず、

「それでは本をお願いします」

ペコリと頭を下げました。目的は達成したと自分を慰めました。次の日もその次の日も、王子様と声をかけると、小次郎は本を出すようになりました。おかげで、まわりの子も落ち着いてきたのでした。

話のポイント　話の先頭に「お願いです」

どうしてうまくいったのでしょうか。それは小次郎が王子様で、私が大臣という設定にあるようです。彼が王子で私が大臣という序列は、彼の方が偉く私は家臣。だから私の言葉は、ただのお願いにすぎません。彼からすると、ひどく心地よいはずです。しかし、これまでは私が教師で彼は生徒でした。小次郎の過去の経験からすると、教師の言うことはどんなにやさしく話したところで、注意に聞こえ命令と受け止めていたのでしょう。小次郎のような子どもにとって教師というのは、注意ばかりするイメージが深いところまで達しています。だから、過去の経験から「どうせつまらない」と耳も閉じています。お説教じゃない、注意じゃないことが伝わらないと話を聞きません。そのために、話の先頭に言葉をつけることが大切です。たくさんのヒントをつかんだ気がしました。

スピーチモデル

起承転結で「あれ、おかしい」をつくる

では具体的にどう話すことが重要なのでしょう。注意じゃないことを伝えるため、

お願いがひとつあります
あなたが決めていいんです。選んでください

などの言葉を話の先頭につけ、内容に入ることです。

ただ、初めから教師の話はつまらないと決めつけている子には、出会い直しが必要です。王子様という言葉は、小次郎に話を聞く気にさせました。私が小次郎に王

子様と話しかけると、まわりの子はクスクスと笑いました。これまでの教師や大人のイメージと違い、話を聞くポケットが生まれます。

話のうまい人は、「話をちゃんと聞こう」と言いながら、「あの先生の話はつまらないから聞かなくていいよ」と、ぐさりとけなし「聞いているふりして、うなずいてね。そうしたら相手は喜ぶからね」と続けます。こんな話し方をすると、子どもたちは、ゲラゲラ笑いながら聞きます。一方向から話すばかりでなく逆方向から話すと、話の矛盾が照らし出され、聞いている方は喜びます。そこには「あれ？さっきと話が違う」「どうなってんの」、意外性のポケットが生まれているからです。

3 命令はダメ

多動で落ち着かない子

❖少しはじっと座っていろよ！

サンちゃんは、３年生の６月に発達障害の診断を受けました。いつも机をガタガタと音を立て、椅子をブランコのように揺らし落ち着きません。大きな音が苦手、特にサイレンの音や緊急放送の合図に敏感に反応し、耳を塞《ふさ》ぎ奇声をあげ学校中を逃げまわりました。お母さんは診断を受ける少し前から、お父さんと相談し、仕事を辞め家でピアノ教室を始めました。４年生になった今も、毎朝サンちゃんを見送り、帰りの時間には必ず家にいるようにしました。おかげでサンちゃんは多動で落ち着きはありませんが、人に暴力を振るい危害を加えることはなかったです。いかに育てられ方が重要か、サンちゃんを見て気づいたことでした。

けれど、サンちゃんは毎日机をガタガタ揺さぶります。私は、

「おまえ、少しはじっとできんのか」

５月になっても落ち着かないサンちゃんに、しっかりした調子で注意しました。するとサンちゃんは、翌日からじっと座るようになりました。異変に気づいたのは３日後です。机のまわりや足元に糸くずのようなものを見つけました。サンちゃんの

頭を見ると、前髪が薄くなっていました。

（な、な、なんと大ごとや）

昨日見たＮＨＫドラマ「これは経費で落ちません」のセリフが私を責めてきました。きまじめな女子社員、多部未華子《たべみかこ》が優柔不断な先輩に決断を迫ります。

女子社員「悪いと思ったら、素直に謝るべきです」
先輩「そんなことは、オレだってわかっている」

だれだって簡単に古い自分を手離せません。私は意地を捨てました。

（・・・形を求めることをやめるべきだった）

「ごめんな。椅子を揺らして、バタバタしていいからね。我慢しなくていいよ」

サンちゃんは、じっとしていようとストレスを溜め、髪を抜いていたのです。人と同じように動かそうとする自分にうんざりします。問題と思える行動を強い言葉や力ずくでやめさせようとすると、別な行動に出るということから、見えないところにある、もっと本質的な課題を解決しなければならないという声が、背後から聞こえてくるようでした。しかし、本質的な課題とは何でしょう。

それから1週間後、サンちゃんが昼休みにやってきて、

「せんせい、来週は避難訓練がありますか」

と、尋ねました。サイレンが苦手なのです。

「いいや、ないよ」

知らんふりしました。次の週の木曜日、

「明日は避難訓練でしょう」

「どうだったかなあ」

「せんせい、ごまかしても無駄ですよ。ぼくには1年生に妹がいて、その学年通信に書いてありました」

と、抗議しました。だったら聞くなよと思いました。

避難訓練の日、サンちゃんは表情が暗く震えていました。私には、次の一手が必要です。ずっと前から教室の隅に放られていたゴマアザラシのぬいぐるみを、

「これでも抱っこしておけ！」

手渡しました。サンちゃんは、子ネコを抱くようにぬいぐるみを抱きしめました。

私は思いがけない行為に、うまくいくかもしれないと感じました。ここでグッとくるセリフはないかと言葉を探しました。ぼんやりと映画のワンシーンが浮かんできました。「あんこが語るのよ」と、映画「あん」の中でかっぽう着を着たおばあちゃん役がひとりごとのように語るセリフです。あの場面には泣かされました。

「ぬいぐるみが語るの。大事にしてくれってね。お願いしていいですか」

やさしい言葉でこれだけ深いことが表現できるのですね。私はぬいぐるみの頭を撫でました。サンちゃんは、ぬいぐるみを抱っこしなおしました。

避難訓練が終わり職員室でお茶を飲んでいると、

「丹野先生、サンちゃんにどんな魔法をかけたんですか」

去年の担任が聞いてきました。

「まほう？」

「ええ、避難訓練でサンちゃんが奇声を発して、走りまわらなかったでしょう。みんなと行動できたのは初めてです。どうしてなんですか」

（たしかに、サンちゃんはみんなと一緒にいたなあ）

私なりにたどってみました。そして、ゴマアザラシのぬいぐるみにたどり着きました。聞かれなければ忘れてしまいそうです。前担任は、

「そういう方法がありましたか」

お茶をいれてくれました。長い前髪がさらさらと揺れました。放課後、サンちゃんはぬいぐるみを家に持って帰りました。峠をひとつ越えました。月曜日、

「ええっ本当は白かったの？」

「そうで、せんせい。きのうゴマちゃんと一緒に風呂に入り、シャンプーした」

どうやら、新たな仲間ができたようです。

話のポイント　命令はダメ、安心感

子どもの安心感を育てるためには、命令はダメだということです。命令だと、相

手は委縮します。立場の強い人が、「こうしてね」「あれしておいてね」と言えば、それがお願いであっても命令に聞こえてしまう。だから、せめて提案し答えを求めることです。同意を求めることが重要で、合意づくりと呼びます。相手を受け入れる話し方は、「いいよ、いいよ」と言っておけば、基本的にはいいのですが、次に人が安心するのは頼りにされることです。頼られることは、人として普遍《ふへん》的なあこがれで、自己肯定《こうてい》感も高まります。サンちゃんは、ぬいぐるみを渡され、ゴマアザラシと一緒に恐怖に耐えたのです。

スピーチモデル　そうでしたかと受け入れる

親から離れ、ひとりで寝るようになるとき、枕元にぬいぐるみや好きな絵本をおいて寝た経験はないでしょうか。人が成長する筋道を振り返ると、幼い子は不安と向き合うために、ぬいぐるみや本を枕元に置き、夜を一緒に過ごします。成長するにしたがって、楽しい思い出やだれかが傍にいてくれたという経験が信頼感に代わ

り、モノも人もいらなくなります。心理的に安心感が育つからです。安心感が育つためには、自分が受け入れられた経験が必要です。では、どんな話し方がいいのでしょう。

★★★★

そうなの。がんばっているんですね
なるほど、そんなわけがあったんですか

★★★★

受け入れる姿勢を示す話し方です。受け入れられると、ぼくも結構いいのかもしれないと、子どもは自分のことを認めます。これが自尊《じそん》感情です。安心感と自尊感情、なにより大事にしたいですね。

4 演技、本当の顔は見せない

いちいち聞く子

❖過剰適応、考えてから言ってくれー

話を聞いてくれない子は確かに気になります。けれど、話を聞きすぎる子も苦手です。そんなに無駄なく聞いてもらうほど、実が詰まっている話ばかりじゃない。だけど野中くんは、教師の話を漏らさず聞こうとします。

「先生、今のところ聞こえなかった。もう一度お願いします」

そして、何でも質問します。こういう子にも困りました。考える前に言葉が出てしまい、ひと呼吸おいて考えることができない子です。なかでも宿題には、敏感に反応しました。たとえば「今日の宿題は漢字ドリルです」と言おうものなら、

「漢字の宿題は、漢字ノートにするのですか。それとも国語のノートですか」

と、聞き返します。6月の半ばだというのに、毎日質問は続いています。

「昨日は何にしたのかな」

「漢字ノートです」

「そうやね。今日も漢字ノートですよ。あしたもずっと漢字ノートです」

いらいらを抑えて答えました。それは家庭訪問でお母さんに、こんな話をされたか

らです。3年の頃の先生はとっても丁寧な人で、野中くんの質問にいつもやさしく答えました。けれど、3学期になっても質問し続ける野中くんに、

「少しは自分で考えてね」

と、言いました。すると、

「先生は、ぼくのことが嫌いなんだ。世界中のみんながぼくを嫌っている」

と恐ろしく悲観的に嘆いて、2週間休んだそうです。1月の下旬、あの先生が毎日学校の電話で呼び出されていたのを思い出しました。密かに、「4時半の電話」と呼んでいました。うっかり、「いいかげんにしろ」と叱ろうものなら、こっちが叱られそうです。ここは我慢。けれど明日もまた野中くんの質問が飛んできます。どう対応したものか、しなやかな準備が必要でした。次の日、野中くんが手をあげました。私は「遺留《いりゅう》捜査」の主人公が、ドラマのクライマックスで使うワンパターンのセリフを準備していました。それをA4の紙を半分に切った厚紙に書き、野中くんに見せました。

「3分間、時間をください・・・」

6月も半ばになると、帰りの会の時間にはいろんな事件が起こり、それらを相手にしているときに、野中くんが質問してくると、

「昨日は何にしたのかな」

と返す言葉にも、

（またか、いい加減に自分で考えられんのか）

こんなどす黒い感情が含まれた言い方になりそうでした。感情が言葉にあふれてしまう。しかし、書き言葉には連続した感情が表れません。それを利用して、カードをつくりました。もちろん3分自分で考えて、わからなければ答えると約束しました。子どもの中に係をつくり、質問に答えてもらうという手もありました。しかし1週間、2週間と野中くんの質問が続くと、子どもだって「いい加減にしてくれ」と口走ってしまいそうです。次の日「先生、質問です」と、野中くんが立ち上がると、私はさっとカードを提示しました。「そうだった・・・」と、野中くんは席に

座わりました。ちょっと快感です。7月の初め、野中くんはこんな詩を書きました。

質問王

？　はてな　ぼくの四年の一学期　「せんせい！」　質問ばかりだ
もうすこし　質問へらせないのか　いつもせんせいは　そういっている
ぼくは　四年二組　一番の　質問王になっている
「質問へらせないのか」　「質問へらせないのか」　？

彼のがんばりがしみじみと伝わってきました。私は、「みんなから励ましのメッセージを野中くんに送ってください」と呼びかけました。

4の2の質問王

野中くんは　4の2の質問王　野中くんは毎回のように質問する
なので先生は　質問する前に3分考えよう　の札を出す
でも　野中くんは質問し続ける

ぼくは　そんな野中くんの根性は　りっぱだと思う

話のポイント　表情と視線

野中くんは、心配なことがあると反射的に何でも聞いてきました。私は聞く前に自問自答し、3分自分で考えろと野中くんに風を送りました。適応過剰気味の野中くんにとっては大変でした。しかし、子どもたちのメッセージが野中くんのがんばりを認め、内側から支えてくれ、持続的にがんばることができました。質問とは、ただ聞いてくるだけではありません。野中くんからすると、質問に答えてくれるとは、彼を受け止め受容してくれるということです。応答関係と呼びます。彼の質問に応答し親切な対応をすると安心し、3分間の孤独を自問自答という形で乗り切れるようになりました。

話を聞くときに、話し手がにこにこしていれば楽しい話に思え、怒って話していれば、聞く方も自然と体にちからが入ってきて疲れてしまう。いつでも笑顔で話す、表情が重要なポイントです。聞いている側を自然と楽しくさせていくからです。怒るときは、悲しげな表情や遠くを見る視線がいいと思います。静かに手前の子どもを見つめたかと思うと、後ろの少し高い位置を見つめ、ゆっくり語る演技力が物事の深遠《しんえん》を表現します。聞き手は、話し手の表情や視線と一緒に話の内容を受け取っているということです。

スピーチモデル

小道具やポーズ

話を聞く側に関心を寄せてもらうには、表情だけでなく、しぐさやポーズ、小道具を使い、「見ていておもしろい」と変化をつけることが重要です。

①笑顔　にこにこして微笑《ほほえ》みながらゆっくり話す。前や後ろ、左右に視線をあからさまに移動する方が、おだやかに話している感じが伝わります。

★★★★★★★★★★

②小道具　私はハンカチを小道具にして、投げつけたり丸めたり、封筒に見立てたりします。モノがあるとイメージしやすく、寄席《よせ》に足を運び真似ました。

③手や腕で形をとる　右手と左手でモノを抱えている様子や腕に力を入れることで、モノがあるように見え、体が堂々と見えます。

④ポーズと音　考えるポーズや困ったポーズ。ひらめいたとばかりに手をパチンとたたいて音を出します。音が雰囲気を変えてくれます。

★★★★★★★★★★

話を聞いている子どもを観察し、反応を描写していく中で得た私の理論です。やっと自分のものといえる、話すちからを身に付けたときは40代でした。身体の若さを失ってしまった頃だからこそ、贅沢《ぜいたく》なほどうれしくなりました。絶えず人は進歩していく、それを工夫とも技術とも呼びます。

5 怒ったときほど丁寧語

逃げる、かくれる子

❖逃げる・かくれるカッシー、お母さんが見ている

カッシーは学級で2番目に体格がいい。だが、気はやさしく色白で特別どうということはありません。家庭訪問に行くと、

「うちの子、おかしくありませんか」

クリーニング屋のお母さんの話は、展開が早くとぎれません。2年の頃、先生に叱られると狭い掃除箱に隠れ、トイレに閉じこもり、3年生のときは教室を抜け出し正門の裏にへばりついて大人を心配させたそうです。そんな話を聞きながら、どう答えようかと言葉を探しました。私には、数々の失敗がありました。20代の頃は、親を心配させまいと、気安く「そんなことはありません」と答え、そんなことがやっぱりあるなあと、何か月後かに思い直し電話すると、「あのとき、ないといったじゃないですか」と責められました。それで、30代になってからは「言われてみれば、たしかに」、流れを引き受けて物わかりのいい教師を演じてみたら、「やっぱりうちの子、発達障害がありますか」と、話がややこしくなりました。今は「親というのは子どものことが気になりますよね。お母さんの話をよくおぼえていて、何か

あったときは連絡します」、こんな調子で、本心はどうあれ返すことにしています。
このカッシーが、5月の連休明け体操服を忘れたとさりげなく言いに来ました。カッシーは、どれくらいのハードルなら越えることができるのか。そこのところに興味がありました。ふっとアメリカの大統領だったケネディが語った言葉を使おうと思いました。

「失敗する者だけが大成功を収める。昔の人が言っているよ。代わりの服は、なんとかなりませんか」

丁寧語で聞き返しました。カッシーはパッと顔を明るくし、3年生に自分と同じ体型の妹がいる、体操服を借りてくると階段をおりていきました。しかし、何分ぐらい放っておくことができるでしょう。過去の経験からカッシーは、放っていると隠れるか、逃げるかもしれません。私は、5分ぐらいして妹の教室に向かいました。するとカッシーは、3年生の教室の後ろのドアにへばりつき、様子をうかがっていました。

「妹は体操服を持っていませんでした」

「そうでしたか。大したものです。十分ですよ」

と**丁寧語で話しながら**、

「先生の体操服を貸してあげますよ」

のほほんとした言葉を続けました。

　みんなが整列しているところにカッシーが、サッカーのワールドカップでブラジル代表が着ていたシャツを体操服代わりに出てきました。

「だれの？　そのシャツ」

カッシーは、私の方を見つめました。

（体操服を忘れたら、今度の先生は貸してくれるの？）

そんな声が、子どもたちの心の中をめぐっているようです。

「みなさんに、公平に愛を注ぎますから、安心してください」

照れくさいことも、**丁寧語ならどこか自分の言葉とは違う**気がして、スラリと言えるから不思議です。体育が終わると、カッシーが脱いだままのシャツをつまんで、近寄ってきました。宙ぶらりんのシャツを見ながら、

「こういうときは、洗濯して返すものですよ」

しぐさを交えて話すとカッシーは、ああと声をあげました。

次の日、クリーニング屋さんがカッターシャツを入れるビニール袋にサッカーシャツを入れ、襟元《えりもと》に紙の蝶ネクタイをちょこんと付けて持ってきました。

「せんせい、母さんがソフラン3倍つけたってよ」

(さすが下町のお母さん、私の気持ちは伝わったかな)

ほのぼのとした温かさを感じました。私は、モノに言葉を込めました。お母さんは香りのスプレーを3倍かけました。ユーモアとペーソスが私たちの間を行ったり来たりしました。コミュニケーションの取り方は実におもしろいと思います。

先生の服

ぼくは　体操服をわすれた
だから　いもうとに　借りに行くつもりだった
でも　いもうとのクラスは　まだ　勉強をしていた
だから借りれなかった

とちゅうで　先生にあった
先生は　ぼくに　体操服をかしてくれた
でも　先生の服は　ちょっとおおきかった
そのあと　ソフランで洗って
いいかおりにして　かえした

話のポイント　丁寧語で一定の距離

私は20代の頃、授業の様子をビデオに録画し検証しました。燃えた授業のときほど子どもたちと温度差があり、「どうして先生がこんなに工夫しているのに、きみたちは発表できんの」と、途中で怒り出しビデオの録画を止めました。あとでビデオを再生すると到底、人には聞かせられない言葉が続きました。そういうひとつの深い経験から、いつも私のなかではビデオカメラがまわっています。冷静に、客観的に自分を見ることができるのです。丁寧語には高ぶっている気持ちを抑え、自分を取り戻してくれる効果がありました。「なるほど、そうでしたか」や「自分ではどう思っているのですか」、「よく話してくれましたね。立派だと思います」と、丁寧に話すと私自身が落ち着き冷静になれました。燃えるということはいいことのようですが、熱くなりすぎると人を思い通りにコントロールしたくなります。丁寧語は、そういう気持ちを踏みとどまらせてくれました。

スピーチモデル　相談に来たときの返し方

カッシーの場合、注意すると心の中でエコーがかかり、自分を責めるタイプです。だから、その場から逃げ出し隠れるとは、なかったことにしたいということです。そういう心の動き方を知っていると、トラブルの場面で何を話せばいいのか予測できます。しかし、何を話していいか困ったときは、相手に自分の言葉で話させることです。子どもが相談に来たときは、

★★★★★★★★

一緒に考えましょうね

と答え、時間をとります。忘れ物をしたと言いに来たときは、

私はどうサポートしたらいいのでしょう

と、してほしいことを聞き返します。黙ってもじもじしていたら、

何かお困りのことがあるんじゃないですか

★★★★★★★★

と、より丁寧に話してみましょう。子どもの側からすると、自分をひとりの人間として尊重し、わかってくれていると感じ落ち着いてきます。これを「ケアと応答」と呼びます。子どもとの対話に身を削ってきた長い道のりから学んだ対応方法です。

6 変幻自在・スピードと間

ふてぶてしい高学年

❖思春期的だるさ

小山くんは、バスケ部で活躍していました。走るのが速く背はスラリと高い。塾にも通っていて算数が得意です。けれど笑いません。部活と塾で忙しい子がクラスの3分の1、次の3分の1は塾のみ。残り3分の1は塾も部活もありません。忙しい小山くんですが充実した日を過ごしているかというと、親の敷いたレールの上を走り、味気ない生活をしているだけでした。私はこの暮らしに彩りを、と考えました。

「今日から、ぼくや他のクラスの先生、地域の人にほめられたらトトロカードをあげます」

朝、先生からのコーナーで提案しました。

「トトロカードって、何ですか」

と質問が出ます。これはいつものこと。**わざと間をとり**、もったいぶって、

「いいことをしたらカードをあげる。10枚集めたら望みをかなえるよ」

と、**普段よりゆっくり**話します。ゆっくり話すだけでやさしい感じを与えます。

「どんな望みがかなうのかな」

つぶやきが漏れますが、そこは駆け引き。そのときにね、といなします。

その日から、トトロカードを渡す生活が始まりました。「発表しましたね。はいトトロカード」「掃除で教頭先生にほめられたようですね。ハイ1枚」「え？　交通指導員のおじちゃんに挨拶《あいさつ》がうまいとほめられた？　そりゃ1枚だな」と、こちらから、あるいは子どもが自己申告すると渡しました。だんだんトトロカードのブームが広がります。私は2週間後、こんな話を子どもたちにしました。

4年生を受け持ったとき、1番に10枚集めた子がいてね。望みは、家に来てバドミントンをしてほしいって言う。夕方5時頃行きました。10点勝負のバドミントンをして、終わるとお母さんを呼んでもらい、約束を果たしたので帰ります、と言うと麦茶がでてきた。普通でてくる。それを飲んで自転車に乗って帰りました。すると、お母さんとその子がずっと手を振っている。50メートルも。ぼくも振り向いて、自転車から手を振りました。ああ、ぼくってなんていい教師なんだろうと思いながらね。ぼくはその後を想像した。お母さんが夕飯の買い物に行き保護者に会う。すると今度の先生、本当に望みをかなえてくれるのよ、としゃべるね。いい先生ねと、ブームが生まれるよ。

ここまで話すと、子どもたちも強烈に記憶します。2日後、小山くんが気だるそうな態度で私の前にやってきました。

「あのう、これ10枚たまったんス」

「トトロカード？」

小山くんは去年落ち着かず、立ち歩き暴れた男子のひとりでした。

「望み、本当にかなうんスか」

ちっと舌打ちしながら、頭を掻きました。寒々とした空気が流れます。

「望みを言ってみてよ」

「夏休みの宿題、全部なしになりますか」

「いいねえ、それ」

まわりが一斉にはやし立てました。私は彼の顔を見上げ、**心のなかで「1、2、3・・・」と数え7秒の間**をとりました。そして、

「かなうと思う？」

今度は、いつもより**話すスピードを落として聞き返し**ました。

「無理だよなあ・・・」

小山くんがつぶやき振り返ると、そりゃそうやろと、まわりが手をたたいて喜んでいます。どうも、私は試されているようです。彼らの騒ぎを聞き流して、

「さて、次の望みはなんでしょうか」

接続詞にちからを入れ、話すスピードを上げました。途中でスピードを上げると、相手も驚き、本心をつかみやすいのです。

「うーん、うちに来てキャッチボールをしてください」

ほら、言葉使いが変わりました。私は目を閉じセリフを探しました。木曜時代劇「風の峠」で人生の峠を越えた武士役、中村雅俊《まさとし》が渋みを出していました。

「人には人の生きる場所がある。ならばその場所にグローブを」

ドラマでは兄の言葉に、「ならばその場所に花を」と妹役の吉田羊《よう》が語り、綺麗な女の人が登場しました。そこをグローブに替えました。子どもたちは、よくわからんと笑いながら散っていきました。３日後、小山くんの家で30球ほどキャッチボールをしました。

キャッチボール
あの日　先生は家庭訪問にきた　先生は　学校でもくると言っていた
でも　ぼくは信じないで　母に言わなかった
でも　先生は本当にやってきた　ギエー　母さんはいない
とりあえず　キャッチボールをした
いちおう楽しそうにしたけど　本当は早くやめたかった

話のポイント　スピードや話の間に変化をつける

話をする相手によって、スピードを変えましょう。心のなかで、「1、2、3・・・」と数え、間をとり何秒までなら子どもが待てるのか、反応を確かめます。それができると次はスピード。後ろに座っている子どもに「これくらいの速さでいいですか」と聞いてみるのもいいです。仕上げは接続詞です。話のうまい人は、「今日の給食はおいしいね。でも」と、接続詞まで話して間をとります。次に興味をつなぐためです。こうやって、話のスピードに変化をつけると、一本調子ではなく聞いている方も楽しくなります。音楽にたとえると演奏に強弱がつき、より美しく感じます。話はコンサートです。

スピーチモデル　鈍く、ゆるく、ゆっくりと対応

講演会や朝会なら、一方的に話すだけですが、教室だと相手が反応してきます。子どもがつぶやく、質問する、言い返すという具合で、そんなとき素早く応えると言い合いになります。テンポが速いのは曲者《くせもの》です。お互いがムキになるからです。鈍く、ゆるく、ゆっくりとは、自分はスポンジになって話を聞いてあげよう、受け止めてあげましょうというものです。ゆっくり話すことが一番大切です。それも短い言葉がいいです。

子どもがおしゃべりをしているとします。私は、「前を向いてください」とおだやかにゆるく声をかけます。相手がこちらに体を向けると、

★★★★

「○○さん、いいですね」と、ゆっくりした口調で話しかけ、見つめます。

★★★★

ゆっくりした口調や間は、やさしさだけでなく微妙な緊張を創り出します。ほめるときは声が大きいとすごくほめられた気になります。だけど、動きながらほめるのはやめましょう。立ち止まり、じっと見つめてゆっくりと。

高学年の子どもが質問してきたときは、相手の質問から5秒ほど間をとり、鈍くゆっくり微笑んで、「**きみはどう思うの？**」といったん返し、質問してきた意図を聞くと対応しやすくなります。あるいは質問に答える前に、「**いい質問ですね**」とか「**話を聞いてくれていたんですね**」のように、内容から逸らすと話自体にためができ、ふくらみのある話し方になるでしょう。

7 ドラマのセリフを借りる

虐待・暴力を受けていた子

❖虐待・暴力を受けていた松ちゃん

松ちゃんは、小柄な体格で腕も細く肌は荒れていました。本名は松山マモル。お父さんとふたりで暮らし、隣の校区から川を渡って片道4キロの道のりを歩いて通学していました。2歳上のお姉ちゃんは、お母さんと暮らしています。松ちゃんは、お父さんと暮らすことを選びました。けれど、お父さんは一度きげんが悪くなると激しく怒鳴り、怒鳴るだけでなくなぐるようでした。これは噂です。

松ちゃんは3年生のとき2回家出しました。校区は2つの川に挟まれ、過去に水の事故もあったので夜の捜索は深刻でした。4年になって、クラスに松ちゃんがいることがわかったときから、心の準備をしました。家出だけではなく、モノを取りました。しかし決して認めず、言い訳をするか黙ると引継ぎました。

家庭訪問に行くと、駅裏の細い8階建てのワンルームマンションが彼の家でした。お父さんは約束の時間には帰らず、マンションの前の路地でボロボロのサッカーボールをふたりで蹴りながら待ちました。10mほど離れたタバコ屋の角に公衆電話が見えました。私はタバコ屋でテレフォンカードを買い、

「家に帰りついたら、このカードで電話してきてくれませんか」

と、緑の電話を指さしました。

「先生、松山マモルです。家に着きました」

4時半頃、携帯に電話がかかるようになりました。職員会議でも学年会でも、携帯の着信音が鳴り、いつもフルネームで自分の名前を言いました。今の電話は、だれかと同僚に聞かれると、

「松ちゃんが、帰り着いた知らせです。これで安心して夜が迎えられますよ」

と微笑みました。しかし、6月になって電話がプツリと途絶えました。

「電話はどうなっているのかな」

「・・・今度から、ちゃんとします」

そう答えても電話がきません。3日、4日と続き2週間がたったとき、彼はウソをついているかもしれないと思い、階段の脇に呼び出しました。

「電話はどうなっているのかな」

低く静かに話しながら、脅す自分が顔を出しそうになりました。梅雨《つゆ》の空から突然、雨が降りだしました。ジトっとした空気を肌で感じながら、黙っている松ちゃんを

見ました。雨足が激しい音を立てました。私は彼の両肩に手を置き、

「どうなっているんや」

と、力を入れました。面倒を見ているという思い込みが、隠れていた暴力的な自分を呼び覚ましました。これぐらいの小さな子どもなら支配できる。ちからで本当のことを言わせよう、そういう暴力性が、ふわっと出てきます。

ガタガタ、ガタガタ、松ちゃんは震えだしました。両肩に置いた私の手に震えと独特の孤独感が伝わります。何が起こったのか、しばらくわかりませんでした。でも、震えが体に伝わってきたとき、ハッとしました。

(彼は、なぐられているのかもしれない。虐待を受けている・・・)

複雑な苦味を残し、私はドラマのセリフノートをめくりました。ずいぶん前に見たドラマ「少年たち」で少年犯罪を扱う調査官が心を閉ざした少年たちに、真実を引き出そうと真摯《しんし》に向き合い、語りかける場面です。たしか秋風の吹く土手でした。

「ごめんよ。ぼくはなぐらない。きみが、これまで出会った大人とは違うんだ。信じてほしい」

すると、

「なくなった・・・」

松ちゃんはつぶやきました。廊下に雨がパラパラと降り込みました。ここで、なんて対応すればいいんだろう。自分のなかには、当たり前の言葉しかありません。

（だめだ・・・）

子どもの心に届かない。どこか冷めていきました。その瞬間、雷が鳴り窓から雨が激しく振り込んできました。

（こういう場面、何かで見たことがある）

北海道、中標津《なかしべつ》の牧場を舞台にした大好きなドラマ「遙かなる山の呼び声」を思い出しました。

高文研
人文・社会問題
出版案内
2020年

KOUBUNKEN
高文研
ホームページ http://www.koubunken.co.jp/
〒101-0064 東京都千代田区神田猿楽町2-1-8　三恵ビル
☎03-3295-3415　郵便振替 00160-6-18956

この出版案内の表示価格は本体価格で、別途消費税が加算されます。ご注文は書店へお願いします。当社への直接のご注文も承ります（送料別）。なお、上記郵便振替へ書名明記の上、前金でご送金の場合、送料は当社が負担します。

【教育書】の出版案内もございます。ご希望の方には郵送致します。

◎各書籍の上に付いている番号は【ISBN 978-4-87498-】の下4桁になりま

◈ 平和憲法を読む ◈

658-5

憲法ドリル ●現代語訳・日本国憲法

中村くみ子編著　1、200円

難しいと思っていた憲法も、ざっくり読んでゆるりと学び、楽々わかって目からウロコ！

189-4

劇画日本国憲法の誕生

古関彰一著　勝又進画　1、500円

日本国憲法の誕生を、漫画家と憲法研究者が組んでダイナミックに描く。

242-6

【資料と解説】世界の中の憲法第九条

歴史教育者協議会編著　1、800円

戦争違法化・軍備制限をめざす宣言・条約・憲法を集約した、使える資料集。

185-6

日本国憲法平和的共存権への道

星野安三郎・古関彰一著　2、000円

「平和的共存権」の提唱者が、世界史の文脈の中で、平和憲法への核心を説く。

704-9

9条改憲 48の論点

清水雅彦著　1、200円

そもそも憲法とは何かから、自民党の「憲法改正」案まで、知っておくべき48の論点を提示する。

法を変えて「戦争のボタン」押しますか？

彦著　1、200円

を破棄する自民党改憲案の危険性を批
憲法との条文対照表付き。

184-9

日本国憲法を国民はどう迎えたか

歴史教育者協議会編著　1、600円

新憲法公布・制定当時の全国各地の動きと人々の意識を明らかにする。

532-8

秘密保護法は何をねらうか

清水雅彦・半田滋・臺宏士著　1、200円

民主主義を破壊する稀代の悪法が成立した背景と問題点を具体的に批判・検証する。

084-2

国家秘密法は何を狙うか

奥平康弘・序　前田哲男ほか著　780円

世論の力で廃案となった国家秘密法の狙い、スパイ天国論の虚構を打ち砕く。

286-0

有事法制か平和憲法か

梅田正己著　800円

有事法制を市民の目線で分析・解説、平和憲法との対置でその本質を解き明かす。

411-6

9条で政治を変える 平和基本法

フォーラム平和・人権・環境編　1、000円

今こそ、9条を現実化し、政策化すべき時だ。護憲運動の新たな展開を構想する。

415-4

無防備平和

谷百合子編　1、600円

9条を守れ！から一歩前に進む。無防備地域宣言運動の可能性をさぐる。

491-8

イギリスで「平和学博士号」を取った日本人

中村久司著　1、800円

苦学を重ねて英国で平和学の研究者となった著者の波瀾万丈の半生。

「なにがあったの。いったいなにが？」

牧場を切り盛りする女主人、常盤貴子《ときわたかこ》が旅から旅を続ける主人公にかけた、寂しさとやさしさのある言葉でした。松ちゃんの目は、うつろです。風が土の匂いを運んできました。ドラマの場面に私はいます。

「ミーが、ミーがテレフォンカードをどっかに持っていった・・・」

ミーとは、松ちゃんが寂しい夜を一緒に過ごすネコでした。

「なにか、理由があるとは思っていたけど」

私は手を離し、ドラマと同じようにため息をつきました。松ちゃんは、全身の力を抜いて倒れ込みました。小さな体で、何を背負っているのでしょう。保健室へ連れて行き養護教諭に事情を話し、ココアをいれてもらいました。

「ああ、人につくってもらって、ココアを飲むなんて何年ぶりだろう」

彼の言葉をつなぐと詩になりました。

「辛くはありませんか。姉ちゃんと暮らしたいって思ったこと、ありませんか」

なかみには、怖いものを含んでいます。

「本当のこと言うと、ときどき辛いです。もう、あっちに行こうかなって思う。でも、たまに父さんがやさしくしてくれると、なんだかわけがわからないほど、うれしくなる。その繰り返し」

屈折のない、清らかな松ちゃんの言葉が、私のなかに入ってきました。

「あのね、きみのマモルっていう名前、あれは人に守ってもらう権利がきみにはあるってことだよ。なくなったらなくなった。困ったら困ったと言っていいんだ。本当のことを言っても怒る大人ばかりじゃないんだよ」

たぶん、あのときの私が彼にかけた精いっぱいの言葉です。彼がなぜ家を出るのか。ウソをつくのか、裏付けられた気がしました。何とか小さな幸せを松ちゃんにと願います。彼がココアを飲み終えるのを待ちました。

話のポイント　言葉を借りて別人になる

ドラマのセリフを借りる利点は、隣のクラスの先生だったらどう対応するのか、このあいだ講演を聞いたあの先生ならどんなことをこの場面で話すのだろうと置き換え考え、自分とは違う人になれることです。困ったときに、自分の経験や知識を総動員して考えるより、あの人だったらと考える方が、はるかに簡単です。

スピーチモデル　セリフノートをつくろう

テレビの横に小さなノートを置き、ドラマのセリフをメモしています。これを子どもに試してきました。セリフを借りると意外な展開が生まれます。言葉を借りるということは、うまくいかなくても傷つきません。セリフは借り物、借りたセリフが悪いのです。うまくいったときは、もちろん選んだ私が立派なのです。

話し方・基本ベスト3　Column.1

♣話すポーズ

話すときのポーズを決めていますか。演台や教卓に軽く両手をつこう。相手はどっしり安定感を感じる。腕組みはやめましょう。

◆教室での立ち位置

教卓の前から話し大事な話しほどうろうろ歩かない方が聞きやすい。対角線で話すのも変化があっていいですよ。

♠視線はどこ？

中央ばかり見ないで、前後左右に視線を移しましょう。意識して子どもと視線を軽く合わせる方が相手はよそ見ができません。

Ⅱ

子どもに話させる 7つの話術

1 文末をオウム返し

感情を凍らせた子

❖穴掘りなかま

小次郎と教師の関係は、「王子様・・・」と話すとうまくいき始めました。しかし、次の課題は教師と子どもの関係から、子どもと子どもの関係をつくることです。どうしたら小次郎と子どもたちの関係がつくれるのでしょう。まず小次郎に友だちをつくりたいと考え、だれがいいか探しました。そして、稲垣くんはどうかと思いました。

家庭訪問で稲垣くんの家に行くと、和室に通されました。和室から庭を見ると、一面にブルーシートをかけていたのです。

「あれですか。気になりますか」

お母さんが、見とれている私に声をかけました。

「あれは、うちの子の趣味なんです」

(うちの子の趣味？)

お母さんは庭に出て、ブルーシートを軽くめくりました。

「うちの子の趣味は穴掘りです。将来、考古学者になりたいと話しています」

（考古学者？　こんな子に友だちいるかな）

稲垣くんにも友だちはいませんでした。家庭の文化が違いすぎたのです。私は、稲垣くんと小次郎を結びつければ、クラスで孤立した子どもを救い上げられ、ひとりぼっちは解消できるとひらめきました。

私は小次郎に稲垣くんの家に穴掘りに行くことを勧めました。こういうコーディネートは大切な仕事です。放課後の世界が楽しければ、学校でも少しは落ち着くはず、と仮説を立てました。稲垣くんは、小次郎が家にやってくるとさっそうとブルーシートをめくり、穴からスコップを取り出し、ふたりは黙々と穴を掘り始めました。少しも会話しません。それでも人間というのは、時間をともに過ごすことで妙な連帯感が生まれます。ふたりは一緒に帰り始めました。

そんなとき、保護者のひとりがアトラスオオカブトをくれました。お世話をする係を募集すると、小次郎も稲垣くんも手をあげました。毎日アトラスの世話を担当し、金曜になると係が交代で家に持って帰る様子を見ながら、ほの明るさを感じました。

しかし、７月の初め思わぬことが起きました。係が持って帰るのを忘れ、暑さにやられアトラスが亡くなったのです。私は沈んで学級会を開きました。

「去年もグッピーが亡くなったとき、お葬式をした」

「2年のころは、ハムスターが死んでしまい学級でお葬式をしました」

と、子どもたちが次々と経験を話し、お葬式実行委員を募集することになりました。

どこまでも子どもに責任を負ってもらおうと考えていたのです。放課後、葬儀の運営について相談すると、

「ほら、お坊さんがポクポクポクってたたく、あれがいるんじゃない？」

「木魚《もくぎょ》なあ、あるかな」

(子どもって、こんなに話し合えるんだ)

うっとりして私は目を閉じました。小次郎が、

「音楽準備室にある」

「なんでそんなことを知ってるんか」

「準備室に隠れたときに見つけた」

自分のなじみの隠れ家へ走って取りに行き、汗を流しながら戻ってきました。

「でもお葬式では、お坊さんがお経を読むけど、どうする？」

今度は、そこが問題になりました。すると稲垣くんが、

「ぼく、全部おぼえている」

一大決心をして声をあげました。子どもたちが振り向くと、

「ばあちゃんが、朝晩お経を唱えているのを聞いておぼえた」

と、滑稽なほどまじめに答えました。

お葬式の日、稲垣くんがお経を唱え、学級代表がアトラスに弔辞《ちょうじ》を述べると、子どもたちは声をあげて泣きました。

（いったい何分ぐらい泣くんだろう）

ふわっと興味が湧きました。後ろを振り返ると小次郎だけ窓の外を眺めていました。

「あなたは泣かないいんですか？」

普通の言葉で尋ねました。小次郎は表情を変えずに、また窓の外を向きました。彼の気持ちを深く掘り下げる言葉が必要だと思いました。

音楽番組「ＳＯＮＧＳ」に登場した宇多田《うただ》ヒカルが、芸術の基本は喪失感《そうしつ》だと答えていたことが、印象に残っていました。「喪失感」、心にずしりと響きました。

「涙は枯れてしまったんですか」

言葉を少し変えました。小次郎は私の方に向きなおし、大きくため息をつきました。

「おれは、幼稚園まで島根県に住んでいたんや」

深いまなざしに見えました。私は会話をつなぐため、**文末で聞き返す**ことにしました。

「**島根県に住んでいた？**」

「けどな、父さんと母さんが別れることになった」

「**別れることに？**」

「離婚するとき父さんは、おれの大事なゲームもマンガも全部売り払った」

「**売り払ったんか？**」

「あのとき泣いた。ずっと泣いた。おれの涙は、あのときに枯れてしまった。使い果たしたんや」

涙が寄せてきました。取り戻すことのできない悲しみを感じました。

話させるポイント

文末で聞き返す

だれだって質問されたからと簡単には答えません。答える関係性が問われます。教育のキーワードは関係性で、この言葉の意味は教師と子どもがどんな関係なのかを問いかけています。多くの子どもは、教師と自分の関係を理解して、ある程度付き合って話してくれます。付き合ってくれていると思うことです。

関係のはじまりは、話を聞くことからで、話ができる関係になることが難しいです。そこで最初は、こちらから一方的に声をかけることになります。それでいいのです。そのうち話しかけ、応えてくれるようになると次の課題は話が続くことです。話を続けるために、相手が話した文末を繰り返すことは、ひとつの有効な話術です。

スピーチモデル　相手が自分の過去を語ればいい関係に

文末を繰り返すとは、「**こうしてきたんや**」と子どもが語れば、「**こうしてきたの？**」と聞き返し、問い詰めない話し方です。

この人は、ぼくの話を聞いてくれると子どもが感じれば、いずれ自分のことを語り、互いの距離は縮まり人間理解が深まります。話がうまいとは、話の聞き方、つなぎ方がうまいということです。身近なちっぽけなことから出発して、深遠な人の人生に触れる仕事、私はこの仕事が気に入っています。

2 接続詞をうまく使う

「ひいきや」頭のかたい正義派

❖先生、ひいきやないか

大関くんは野球部の4年生チームのエースです。その大関くんが、「先生、小次郎を甘やかしすぎやねえか。ガツンと注意してくれ」と不満を言いました。ひいきやないかと続けます。人を頼らず、自分で何とかしてみろよ！　教師を頼ってくるおまえの方が甘えている、心の中で叫んでいました。

小次郎は本だけは出し始めました。けれど、2学期になっても本だけです。見かねた大関くんが言ってきましたが、厳しくしたところで小次郎は簡単には変わらないでしょう。自分の物差しでしか考えられない大関くん、もう少し人に合わせて物事をとらえてほしいと思うのは無理なのか。しかし、まわりの気持ちを代弁しているようにも見えました。教師が説得するのではなく、関わり方を体験し学びに持ち込むことはできないでしょうか。大関くんの不満を聞いていた郷くんが、

「厳しくして、うまくいくかなあ」

洗練されたしっとりとした言葉をつぶやきました。大関くんはムッとして、

「どうすればいいと思うんか」

と、顔を近づけました。ふたりは同じ野球部でバッテリーを組んでいます。これで息が合うのかなと、するりと思いました。私は、

「大関くんは、なんて言うつもりなの」

と聞きました。

「おれ・・・」

と、感情の向こうにある言葉を探しました。

「小次郎、ちゃんとせんかー!」

「**そして?**」

シンプルな順接の接続詞で私は聞き続けました。

「本とノートを出せ」

「**それから?**」

「みんなと同じことせんか」

「**なるほど・・・**」

ほれぼれするほど明確です。すると、郷くんが「むりー」と笑いました。私は、親友が敵となって再会する「陽炎《かげろう》の辻」の切ないセリフを再現しました。

「お互い信じる道を進むでござる」

悲しいセリフも子どもの前では、どこか笑えました。次の日、

「おまえ、ちゃんとできんのか。本とノートを出せ！」

と、大関くんは自分の信じる道を進みました。小次郎は、あくまで対等でしっかり自分をもって無視しました。今度は郷くんがやってきて、

「小次郎、本とノートを一緒に出そうよ」

やさしい気持ちを映しています。小次郎は机のなかに手を入れましたが、再び寝る体勢に入りました。大関くんが郷くんの方を向いて
（おまえもダメやな）

と、冷やかすわけではないけれど笑いました。私は最近小次郎と一緒にいる稲垣くんを手招きしました。そして、

「あなたにしか言えない言葉があるでしょ」

ドラマのエンディングで、主人公が紅茶を飲みながら相棒に語る口調を真似ました。

「ええ・・・ぼくにしか言えないことば？」

稲垣くんは何度かつぶやき、行ったり来たりしました。そして、小次郎の方へ近づいて腰をかがめ、ひそひそと話しかけました。その瞬間、小次郎は稲垣の顔をまざまざと見つめると本とノートを出しました。何が起きたのでしょう。

帰りの会で小次郎が、

「今日、ぼくは稲垣くんからおかしなことを言われました」

と、遠まわしに思いを伝えてきました。

「**それで？**」

私は教室の後ろから手をあげて、**順接の言葉**で質問しました。

「稲垣くんが、ぼくのそばに来て、きみはぼくの大切な友だちだよと言った」

「**それから？**」

「本とノートを出そうよ、とささやきました」

と、つけ加えました。私は教室の前に移動しながら、

「きみは言われて**どんな気分**だったのかな」

と質問しました。小次郎は少し考えて、

「うーん、うれしかった・・・」

短い言葉に無限のやさしさを湛《たた》えています。嬉しさが広がってゆきました。

「**だったら**、稲垣くんに伝える言葉がいるんじゃない？」

小次郎の気持ちを確かなものにしたいと思います。小次郎はそわそわしながら、

「ありがとう、稲垣くん」

と、言いました。今まで捨ててきた言葉を、取り戻した気がしました。

(初めて小次郎がお礼を言うのを聞いた)

だれかの声と一緒に拍手が起こりました。次の日、給食の準備のときに、

「小次郎くん、きみはぼくの大切な友だちだよ。一緒に給食の準備をしようよ」

と、男子がエプロンを渡しました。掃除時間になると、

「小次郎さん、あなたは私の大切な友だちよ。はい雑巾《ぞうきん》」

初めて掃除をしました。翌日、大関くんが小次郎に近づき、「あのなあ、おまえはおれの大事な友だちや。本とノートを出そうよ」と雑に、けれどやさしく言いました。子どもたちは関わり方を学びました。

話させるポイント　そして、それから、順接で聞く

順接の接続詞は、話の流れを否定することなく、子どもたちが押さえつけてきたものをはねつけ、自分の言葉を引き出してくれます。彼らの遠のいて失っていた自分の思いを単純な接続詞が開いてくれるのです。子どもが話すと「そして」、次に子どもが話すと「それで」と聞き続けることで、心が映し出されます。

スピーチモデル　三拍子プラス感嘆文が有効

映し出された言葉をめぐり、私と大関くんの関係に郷くんが登場し、三者関係を築きました。大関くんは、この関係から硬派な関わり一辺倒ではなく柔軟性を学び、本当のリーダーに成長しました。単純な、「そして」「それから」の接続詞は、だれもが話したくなるような聞き方で、なるほどねと感嘆詞で締めくくります。

★★★★

そして　　それで
それから　なるほどね

★★★★

3 まわりに振る

小さなことが気になる子

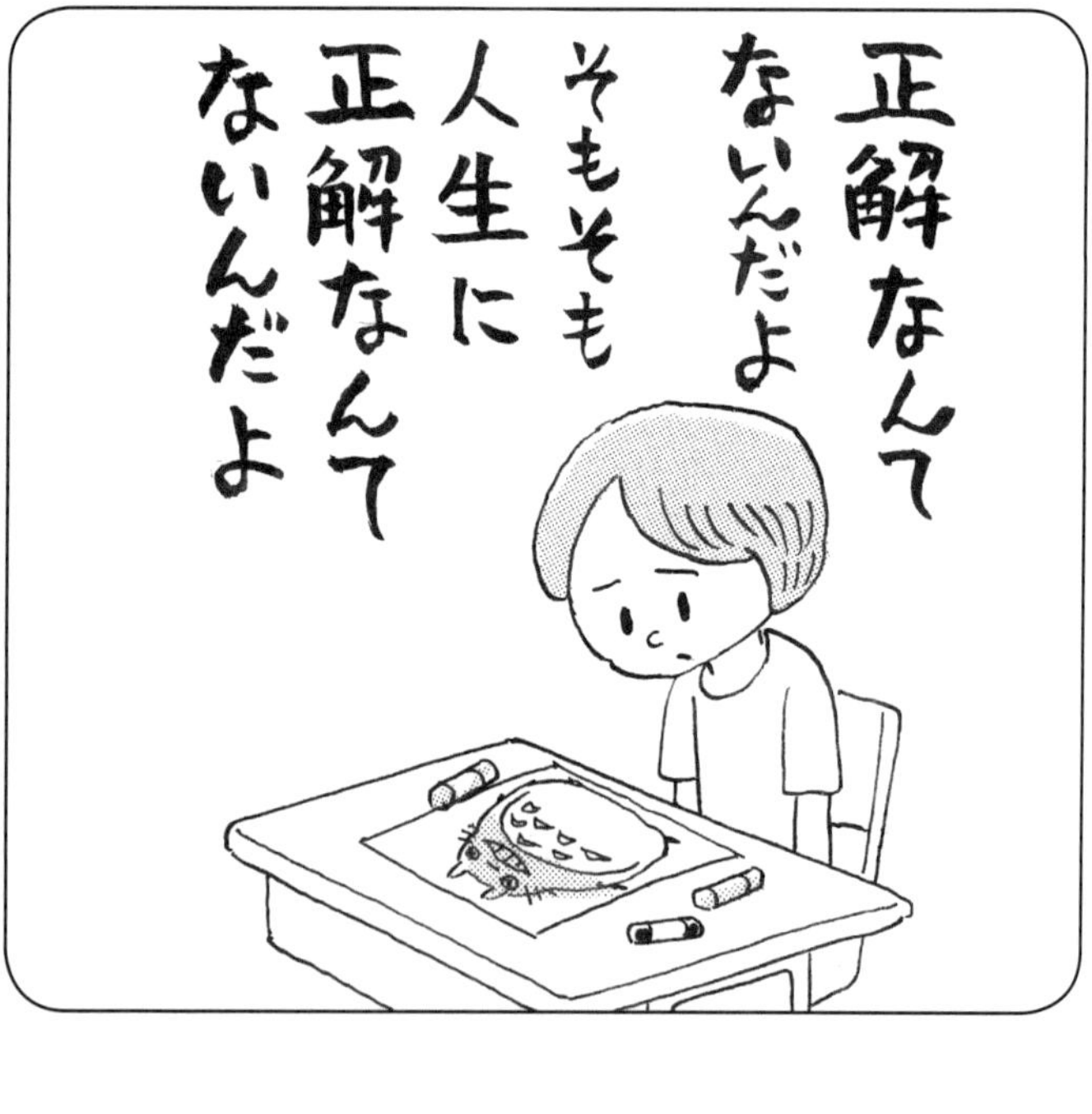
正解なんてないんだよ
そもそも人生に正解なんてないんだよ

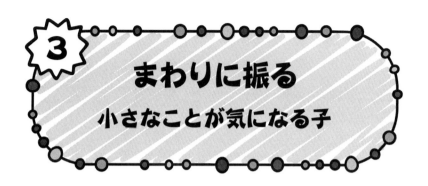

❖ぼくは小さなことが気になります

6月は前半の山場、トラブルが起きる時期です。新しく出会った学級にも慣れ、けれど思ったより楽しいこともなく、学校生活はやっぱり退屈で、「学校に行きたくない」と、休みがちになる子どもが出てくる頃です。

私は飛行機に乗って、ある島に来ました。小さな学校で授業を見学し、午後は不登校気味の子どもたちがいる小学校へ向かいました。若い先生が、

「相手をたたいても、なかなかあやまらないんです」

と悩みを語りました。お母さんも、

「うちの子は、悪いことをしても家でも認めない」

と嘆いているそうです。先々週も事件があり注意すると欠席が増え、今日もお母さんが車に乗せて校庭まで来たけれど、花壇をグルグルまわり、お母さんもその子を叱ったものの結局車に乗って帰ったらしい。その光景を想像しました。体重20キロ前後の1年生が、ランドセルを背負って教室に上がろうかどうしようかと迷い、大人ふたりから責められている姿。なんだか切なくなりました。

「生活科の授業をやってみませんか」

先生から誘われました。来年入学する園児にメダルをつくる学習です。私は担任からメダルの厚紙とその上に貼るトトロの絵を描いた薄い紙を受け取り、

「このトトロを好きな色で塗ってください」

と配りました。子どもたちは道具箱から色鉛筆を選び、一生懸命に塗り始めました。

「せんせい、まちがえました・・・」

ちょっとすると、色の白い男子が小さく声をあげました。けれど私は、聞こえないふりをしました。こうすると諦めるか、もっと大きな声を出すか、どちらかでした。

「まちがえたので新しい紙をください」

もっと大きな声で言いました。私は間違えましたという言葉に触れたとき、映画「男はつらいよ」の寅《とら》さんを思い起こしました。そして、寅さんだったら何を話すだろうと考えました。

「あのね、好きな色で塗るから正解なんてないんだよ。
そもそも人生に正解なんかないんだよ」

几帳面な男の子は目をそらし、激しく消し始めます。

「あっ、やぶれた」

ペラッとトトロのお腹が1ミリほどめくれました。

「大丈夫、ノリをつければわからないよ」

私が直感的に先まわりして慰めました。男の子はうっすらと涙を浮かべて、

「ぼくは、小さなことが気になるんです」

と、じたばたしました。ぼくは小さなことが気になる、私には間違うことができない子と映りました。隣の女の子が、

「わたし、気にならない」

と言ったように思いました。後ろの子が、

「ぼくは気になるなあ。もらった人がかわいそうだもの」

と沈んだ声を出しました。めくれた所が気になるか、**まわりに振りました。**

「みんなはどんなことが気になるの」

さらに気になること**発表会に発展**させました。こうやって**まわりに振って広げます。**

子どもたちは、口々に自分の気になることを語りました。

私は、新しい紙でつくり直す彼を見ながら、高学年を受け持ったとき、バスケットボールの試合でチームが負けそうになるとボールをたたきつけ、コートから出て行く男子の姿と重なりました。理由を聞いても、

「こんな試合には参加できん」

と訴え、負けることが受け入れられない子でした。参加していたら負けるから、やってられない。有形無形《ゆうけいむけい》の社会のひずみを背負っていました。しかし、人生は山あり谷ありで、勝ち続けることなんて、ありえないことです。私はこの子に将棋を教えました。短い時間で勝ったり負けたりが繰り返されます。その男子は黒田三郎さんの詩「支度《したく》」をこんなふうに書き替えました。

将棋大会

何の匂いでしょう　　これは　　これはコマの匂い
真新しい勝利の匂い　　真新しい敗北の匂い
新しいものの　　新しい匂い
匂いのなかに　　希望も夢も幸福も

うっとりと　浮かんでいるようです
ごったがえす　人いきれのなかで
だけど　ちょっぴり気がかりです
ぼくは　勝ち残れるでしょうか
もう戦えますか

「せんせい、前原くんはどうして学校に来ないんですか」

ひとりの子が聞いてきました。前原くんとは、庭までやってきた子のことです。

「さっき、前庭のところをぐるぐるまわっているのを見た」

「ぐるぐるまわっていたのは、あの子なりに戦っていたんだよ」

「戦っていた？」

「そう、学校に行かなきゃという自分と、行くのが不安だという自分と」

たいていは、あちこちぶつかり自分をつかみとっていくのが普通です。

話させるポイント

まわりに振りながら広げる

まわりに話を振るとうまくいきそうだとは、だれでも知っているのではないでしょうか。しかし、意外とできません。それは余裕がないからです。では余裕はどうしたら生まれるのか。単に時間があるとかないではなく、イメージすることが大切です。自分なりにシナリオをつくります。子どもが発言したら、まわりに「どう思うの」「あなたには似た経験はありませんか」「いまのはどうなの」と振ります。問いかけ方は何を答えてもいいように間口を広く取り、あいまいな聞き方をします。振られた子が答えると、「なるほどねえ」と相槌を打ちます。「それもいいね」などの評価を含んだコメントは避けます。次の人が話しにくくなるからです。メリットは次の３点です。

◇まわりの子が答えている間に考える余裕ができる
◇教師の考え以外のまわりの子の考えを知ることができる
◇その効果で、押しつけがましくならない

スピーチモデル　インタビューの技術

「あなたはどう感じましたか？」や**「いまの発言にコメントをお願いします」**とまわりに振ると、「ぼくは、・・・だと思います」と、短いなりに反応が返ってきます。

「こう受け取ったそうですが、どうでしょうか」と、さらにまわりに振り、意見を広げ交流します。

余計なコメントを省き、てきぱきと子どもにマイクを向け振っていくのがコツです。街頭でインタビューするアナウンサーを想像し、笑いを誘ってできれば最高です。

4 頭は下げるためにある

態度のでかい若い先生

❖そしてだれもいなくなった

だいたいやりにくいのは大人です。同僚です。若い頃は、早く年をとって自分の意見を通して運営したいと思いましたが、実際になってみると若い人からいろいろ言われ、まんまと一杯食わされた気がしました。結局のところ、この仕事は気の強い人が有利です。転勤したばかりの学校で5年の学年主任になりました。5クラスありました。教師たちは仲が悪く、学年会で毎回のように対立し、ひどいときはひとり席を立ち、またひとり立ち上がり、そしてだれもいなくなりました。いつも思うのですが、大人が5人もいるとまとまりません。子どもたちも大規模校のため、がちゃがちゃと落ち着かず、絶えず大人も子どももトラブルの渦でした。

10月の終わり、意外なところから事件が起こりました。3組のお母さんが昼休みに教室へ来て、

「うちの子をいじめているのはだれや」

と怒鳴り、相手の子を算数ルームに引っ張っていきました。知らせを聞いた担任が止めに入りましたが、罵倒《ばとう》され担任も泣きました。そのうっぷんが私に向いてきま

した。校長室へ連れていかれた母親は、

「どうしていじめている子を放っているのか」

と、怒鳴り散らし帰っていきました。対応した教頭が、

「放課後、あのお母さんに事情を説明しに行った方がいいな。学年主任の仕事で。丹野さん、腕の見せ所やな」

と、3組の担任と行くように押し付けました。理不尽な管理職でした。

気まずい車でした。ふたりで何を打ち合わせたものか、考え込んだまま家が見えてきました。家庭訪問でどう話を展開すれば、本当の解決になるのでしょう。話が収まることだけを考えてはいけないと思いました。

「あのな、あなたが考えていることをぶつけたらいいと思うよ。だから、ぼくは何も話さないからね。もうダメや、ぼくに任せると思ったら合図をください。それまで黙っています」

まずは若い先生が気のすむように話し、うまくいかなければ私が登場するのがいいのではと思っていました。小さな貸家でした。ピリピリした空気を感じながら、出されたお茶を飲みました。担任が、

「じつはですね、いじめないように注意していました」

と強気で説明しても、てんで駄目です。

「お宅のお子さんも、結構仕返しをしていて一方的に向こうが悪いわけじゃありません。たとえば・・・」

例をあげ挑みました。母親は机を軽くたたいて、

「うちの子が悪いというんですか」

と怒りをよみがえらせ、

「あやまりに来たんじゃないんですか」

悲鳴にも叫びにも似た声を出しました。担任も何度か言い返しましたが、さすがに押され意気消沈し、私の方を向いて、

（もう無理です）

と言わんばかりに間をとりました。私はお母さんにひとつの言葉を用意していました。

「母親ってすごいですね」

産婦人科の病院が舞台で、生と死を扱った夜の連続ドラマ「透明なゆりかご」に出てくるセリフです。願いながらも生まれてこない命と望まない妊娠。見るのをやめようと何度も思いましたが、やっぱり気になりました。毎回涙の連続です。私は自分の言葉を加えました。

「**心配をおかけして申し訳ありません**」

頭を下げ、一歩引きさがりました。そして、

「あそこまで思い切ったことは、なかなかできませんよ」

と語りました。頭は何回さげてもただです。大阪の友だちから習いました。

「私は気が動転して・・・」

お母さんの話はとぎれました。夕日が差し込んできます。

「何が一番、お望みですか。担任だけでなく学年の教師みんなで、お母さんの希望をかなえられるようにサポートしていきます。話してください」

お母さんの心の奥底にある不安に向けて話しました。

「それはつまり・・・この子がひとりぼっちにならないことです」

「できそうですか」

隣の担任に尋ねました。主体となり責任を持つのは、私ではなく担任です。

「できると思います」

「友だちになれそうな子は思いつくのかな」

と、お母さんに代わり突っ込みを入れました。日が暮れてゆきます。

「はい、ふたりぐらい思いつきます」

「どうでしょうか。１週間後にまたやってきます。担任や学年でどうサポートしたか報告します。１週間、時間をいただけませんか」

帰りの車で隣のクラスの担任に、

「**ごめんね、きつい言い方をしたと思います**」

と、ここでも頭を下げました。感情の凹凸をなだらかにするためです。

「**一緒にぼくも考えますから**」

ライトをつけながら、ドラマのセリフを無意識に使いました。ドラマはこのあと、

「あなたはうちに必要な人ですから」と、お医者さんが看護師を見つめるセリフが続きますが、それは本心ではないので言えませんでした。

話させるポイント　引き下がるのはダッシュをするため

振り返れば美しいというのは、そこを通り過ぎて振り返ったからで、その最中にいればただ大変なだけです。ここでは、相手の感情と具体的な出来事の２つを解決する必要がありました。お母さんの不安を解決することが先決だと考えましたが、当事者であるお母さんの望みとは何か。別なことをしても、私のことをわかってくれないとなります。そこで、「何に一番に取り組んだらいいですか」と当事者であるお母さんの要望を聞き、解決方向を定めます。

スピーチモデル　限定して「すみません」

頭は下げるためにある、信念は曲げてももう一度曲げれば元に戻る。これは関西の人から聞いた話です。「すみません」というと全部認めたと思う相手もいるので基本は、

心配をおかけしてすみません
説明が足りずにすみません

と限定します。限定する利点は、相手の感情を緩めることができることです。責任はこちらにあると認めているわけではなく、心配かけたことをあやまっているだけで、サービス業的な上手な話し方です。

5 流れを待つ・待ちの人生

寝そべる子

❖4回目の離婚

八木くんには入学式の日から困りました。じっと座っていない、足はバタバタ、椅子から落ちる。ここまでは、たまにいる1年生です。校長先生の話やＰＴＡ会長さんの話に飽きると隣の子をたたき始め、相手がムキになると「アハハ」と笑います。次の週になっても5月になっても変わりません。机のまわりは散らかし放題。拾ってあげた消しゴムが、手品のように消えていきました。そのうえ、朝から床に寝そべり怒っても反応しません。起こそうとすると手足をバタバタと動かす。自由に生きています。

6月になり、教室に金色の蛹《さなぎ》がやってきました。彼は蝶を追いかけて飛びまわるようになり、朝から学級園へ行きました。どんなに暑くなっても、八木くんは学級園が気に入り、朝からスコップを持って穴を掘り、虫を追いかけました。こういう体の動きは彼に馴染《なじ》みました。学校は人と同じことができないと落伍《らくご》者のように思われるのですが、気にかけることもなく、**私は流れに任せました**。好きなだけ遊ぶと、

「つかれた〜」

叫んで教室の後ろに大の字に寝ました。それでも人をたたき机を倒し、ものを放り散らすよりずいぶんよかったです。

八木くんの行動にふたりの男子が興味を示し、一緒に畑に出て同じ空気を吸うようになりました。私は生活科でゴーヤを植え、畑と関わることにしました。教室の後ろの土間には、子どもたちのサンダルがあふれました。けれど八木くんのゴーヤは枯れました。もう一度植え替えました。八木くんは、トトロのクスノキが芽を出すように祈る、へんに間の抜けた踊りを好みました。みんなに受けました。

八木くんが転校すると聞いたのは、ゴーヤの収穫を控えた10月でした。

「お母さんが読谷村《よみたんそん》で結婚して暮らすって」

朝、畑から戻ってきた八木くんが水を飲みながら話しました。

「よかったなあ」

みんなが祝ってくれました。

「ぼくなあ、ちょっと前は金城だったんで」

八木くんがさらっと言いました。みんながひっくり返りました。

「わたしは、幼稚園まで比嘉だったんで」

（こんなこと、教室で言うことじゃないやろ）

わけのわからない流れが支配しています。ため息がでます。

「おれはな、4歳まで大城って呼ばれてたんぞ」

後ろのロッカーに折りたたみの傘を取りに行き、薄くなった前の名前を見せました。

私は収まるのを待ちました。八木くんは、大泣きしながら転校しました。

あれから3か月、新しい年を迎え3学期が始まってすぐのことでした。

「八木くんのお母さんから電話です」

前の団地に戻ってきたそうです。八木くんは、いじいじして学校に行きたがらず困っていると相談してきました。次の日、お母さんが途中まで連れてきましたが逃げました。私は校門で、八木くんを受け取ることにしました。ふたりで靴箱へ行き、靴を入れました。その日の給食時間、同じ班の女の子がチャンプルーを食べながら、

「どうして戻ってきたん？」

澄んだ声で聞きました。

（まずい）

私は立ち上がりました。八木くんは、いったん箸を止め女の子の顔を見ました。その表情に悲哀《ひあい》を感じました。女の子が、どこまでも響く高い声でもう一度聞きました。私は話題を変えようと、八木くんの後ろにまわりました。八木くんは箸を置いて、学級園を見ました。この静かなまなざしは何でしょう。

「だめやった。4回目や・・・」

ぽたぽたと涙が落ちました。私は**流れに逆らうのをやめました**。子どもたちも、普段とは違うと思ったのでしょう。ピクリともしません。すると男の子が、

「よくあること」

淡々とささやき牛乳を飲みほしました。なぜか否定できません。3秒ぐらいして子どもたちは、再び動き出しました。しかし、何かの呪縛《じゅばく》に絡めとられたように静まり返ったままで、ぎこちなく動いていました。私は言葉を探しました。日曜日にあったサイエンスミステリー「人類学者・岬久美子の殺人鑑定」がパッとひらめきました。骨はウソをつかないと主人公の大塚寧々《ねね》が迫り、親の期待に応えられず悪事に手を染めた息子に、母が最期にかける言葉です。

「あなたの人生は、まだまだこれからよ。いつか花は咲く」

私が八木くんの背中をさすりながら話すと、

「おれのじんせい？」

八木くんが小さな瞳で見つめました。斜め向かいに座っている女の子が、

「ゴーヤだって遅かったけど、ちゃんと育ったじゃない」

鋭い直観力、そんな言葉もあったのか、こちらが驚かされます。

「そうや、そうや」

とまわりがぽつりぽつりと騒ぎだし、にぎやかな教室に戻りました。次から、

「きみの人生はこれからよ。ゴーヤだって育ったじゃない」

励ます言葉は世界に山ほどある中から、私はこの言葉を選びました。

話させるポイント

流れを待ち、切り替える

職員会議でも研修の講座でも、その場には流れがありました。それを無視して流れに逆らい、考えを述べたとしても、元の流れに押し戻されてしまいます。流れを見極め落ち着くのを待つ。最後の人が発言して、3秒から5秒ぐらい沈黙が流れると落ち着いたと思っていいです。ここで考えを述べると、うまく意見が通ることが多々ありました。相手の感情や言葉をたっぷり吐きださせ、満足させてから発言する。「流れを待つ」、これが極意《ごくい》です。

スピーチモデル

人生という口癖

フランスの子どもはよく、「それが人生よね」と口にすると、哲学の本で読みました。人生という言葉は、思い通りにはいかない、山あり谷ありを連想させます。子どもたちの話を「それも人生だね」と受け、切り替えるのに最適の言葉です。私は人生を口癖にし、自分の流れに持っていきます。他にお勧めしたい口癖は、幸せや友情、自由です。

★★★★★

昨日の休み時間に八木くんが教室にいたら、「学級園に行こう」と亜美ちゃんが誘っていた。あの声かけは人を幸せにするね。そんな言葉かけ、みんなにできますか。

★★★★★

と話すと、できると言い出します。だったらやってみようと誘いかけ、愉快な一日が始まりました。使いたくない言葉は、「きまりを守ろう」や「人に迷惑をかけない」、「努力」など子どもを縛る言葉です。八木くんが学級園の木に登っています。この日は仕事を終わりにして、私も外に出ていくことにしました。「幸せになるために学校はある」、これも口癖です。

⑥ ハチの一刺し、子どもに言わせる

人を見下すエリートの娘

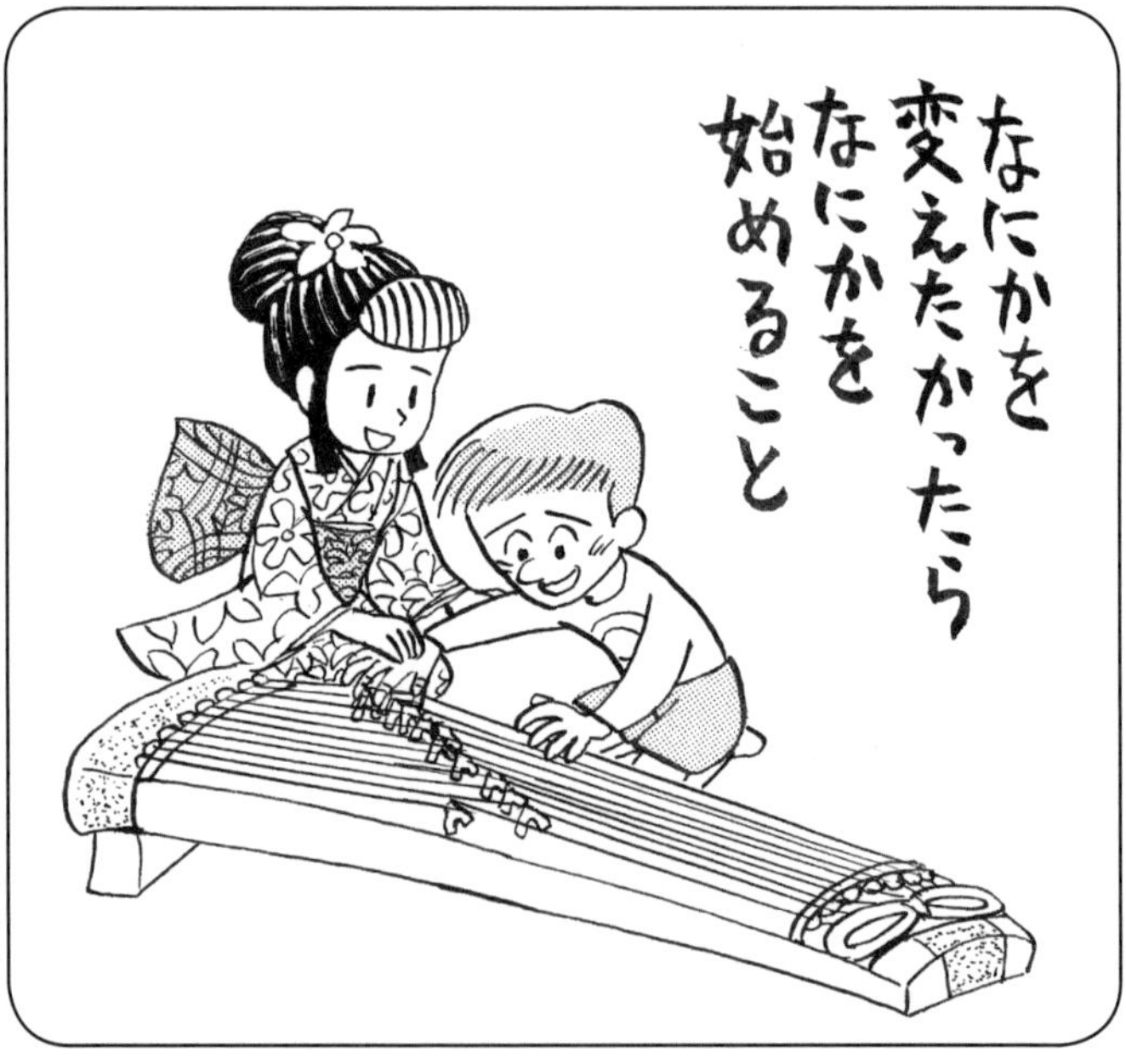

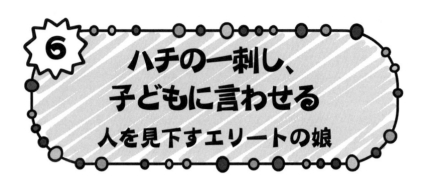

❖エリートの娘、人をバカにする

貴子は名前の通り気位《きぐらい》が高く、お姫様でした。両親をお父様、お母様と呼び、ひとりっ子で大切に育てられました。お父様は大企業のエリートで次期役員候補。お母様は名家の娘で華道の家元をしながら琴《こと》を嗜《たしな》んでいました。お父様の転勤で沖縄にやってきましたが、3年で本社に戻る予定です。貴子は東京での受験のため塾に通い、すでに5年の学習はすべて終わっていました。

「貴子さんの理解力は群を抜いて、すごいですね」

「沖縄で一番になっても何にもなりませんの。東京に帰って、有名大学附属の中高一貫校には届かないでしょう」

家庭訪問で侘《わび》しい言われ方をしました。貴子はお母様らのいない学校ではわがままで、言いたいことはすぐに口にしました。

「かけ算ができない5年生がいるとは、驚きですこと」

「漢字には書き順ってものがございますのよ。お絵描きじゃございませんの」

と、勉強のできない男子をきっぱりとした口調で責め続けました。おかげで敵が多く、**地上で感情をぶつけさせたい**と思いました。私は、琴が弾けるのなら他の女子と一緒にコンサートをしたらどうかと誘いかけました。すると、

「先生、学校ってお勉強をするところじゃございませんの。関係ないことをしてもよろしいんですか」

情けないけれど、こう返されました。本来学校とは子どもたちのやりたいことが実現するところで、自主性を伸ばすのが特別活動だよと説明しながら、今やこういう言葉も骨とう品かと胸が痛くなりました。

「わかったような、わからないような気がしますわ」

ブツブツ反応しながら、実行委員会をつくりました。バイオリンやエレクトーン、ピアノにフルートができる子がいました。さらに三線《さんしん》を加え、小さなコンサートを提案すると、けなされてきた男子が、

「自分がちょっとできるからと、おれたちに自慢するつもりやろ。そんなのは見たくもないし参加したくない」

一斉に**反対し、これまで溜まっていたものを吐き出しました**。子ども同士が自分の言葉で対決し、私が言いにくいことを代わりにぶつけてくれました。

「だったら、学級全員でコンサートをするんじゃなくて、やりたい人たちで昼休みをつかってやったらいいんじゃないの」

にっちもさっちもいかなくなり、私は両者を尊重しようとしました。

「それはおかしいんじゃないですか、先生。だって、学校ってところは集団生活の場でしょう。なのに、したい人はする。したくない人はしないなんていうのは学校に来たい人はくる。来たくない人は来なくていいってことじゃありませんの」

やり込められました。貴子は、ここまで来たらやると気を強く持ちました。昼休みのコンサートということで、すべての学年にチラシを配り、前売り券をつくって販売しました。販売といっても無料ですが、73人が前売り券を買いました。

「あすのコンサートですが、多くの方がいらっしゃいます。それで、受付が混雑すると思われます。どなたかお手伝いしていただけませんか」

前日に貴子が受付係を募集しました。

「おれ、受付を手伝おうか」

反対していたひとりの男子が、ころりと態度を変えました。

（おまえ、うらぎるんか）

つぶやきが漏れました。次の日、昼休みに小さなコンサートが開かれ、音楽室は満員です。教師も4人座っています。そこへ貴子のお母様が登場しました。

「貴子さん、さあお手並みをおみせになって」

「お母様、お琴を持ってきてくださってありがとうございます」

バチを受け取り貴子が礼をすると、凛《りん》とした姿勢で弦《げん》を弾きました。2曲弾いたあと、

「どなたか、琴を体験されたい方はいらっしゃいませんか」

指名した6人のうち2人は、学級会で猛反発していた男子でした。彼らは嬉しそうに琴に触りました。週末、まとめの会をしました。貴子は、

「せんせい、学校ってこんなこともできるのね」

と、うるさい飾りのない言葉で言いました。彼女の哲学に興味がありました。

「わたくし、学校ってもっと味気ないところかと思ってよ」

私は何ひとつ説教しないで、大切なことを伝えることができた気がしました。その瞬間、ドキュメント「〝樹木希林《ききききりん》〟を生きる」の言葉が聞こえてきました。何気ないけれど重い言葉です。

「何かを変えたかったら、なにかを始めること。そんなに気を張って生きることはないんじゃない」

彼女の蓋をしている生活に触れようとしました。貴子はしばらく黙って、

「だれも本当の私と向き合ってくれないの」

ドキッとするほど冷たい目をしました。

あれから8年、大学生になった貴子に会いに東京へ行きました。貴子とふたりでカフェに入り、アフタヌーンティーセットを注文しました。大学生活について尋ねると飲んでいた紅茶を置いて、

「あのね、大学の入学式の日にお母様から言われたの。もうあなたは自由よって。私は母が重たかったの。やっと解放されましたわ」

微笑んで、カップの口紅をそっと拭きました。

話させるポイント

まわりに言わせれば傷つかない

子どもにできるだけお説教はしたくないと思います。でも相手がおかしなことを語ると、つい言いたくなります。ひとついい方法があります。まわりから指摘させることです。あるいはまわりの反応を見て、考えさせることです。貴子はコンサートを提案し、学級のリーダーとして登場しましたが、反対する勢力の批判を受け、何かを感じ考えたはずです。自分で発見させる、これがプライドの高い子どもを傷つけない最高の話し方です。男子が自分たちの感情を表に出し、堂々と批判し合い対決することは、それぞれに一理あり、ドキドキする喜びになりました。だれかに言わせるとは、教師対子どもという構図を避ける方法でもあり、当の子どもは教師から説教はされませんが、別な子から意見され納得できることを受け入れ、自分を変えることになりました。

スピーチモデル　意見を誘う話し方

学級会の前に子どもに発言を誘いかけておくと、様々な方向から発言が生まれます。子どもに発言してもらう有効な方法です。多方からハチのように互いが相手を一刺しする、それで十分です。子どもたちは何かを学び受け入れます。

あの案でいいのかな。気になるところはありませんか。こんな意見が出そうなんだけど、どう思う？　ちょっと待って。そこからはあした発言して！

と語ると、子どもたちもその気になって燃えてきます。もう少し、子ども相互の交わるちからに頼っていいのではないでしょうか。

7 鏡になって話す

朝から30分なぐる子

❖友人からの電話

夜の８時前に懐かしい友人から電話がかかってきました。

「クラスに朝から人に暴力を振るう子がいます。今日も朝からグーでまわりの子をなぐりました。どうしたらいいでしょうか」

声がかすれていました。何年生なのか、学習はできるのか、得意なことは何か、そしてどんな家庭でどう育てられてきたのか、最低限必要なことを尋ねるとすぐに30分は過ぎました。４年生で仮の名前を海人くんとします。算数はよくできるそうですがスイッチが入ると話し続け、まわりから避けられている。他の教科はあまりできません。図鑑が好きで夢中になって読むことが多く、家庭は両親そろっていて転勤族。それ以外は、特に知らないそうです。

こういう子には、どんな話し方がいいのでしょう。友人は、

「海人くんが教室に来るなりまわりの子をなぐっていると聞き、職員室から慌てて教室に行き、興奮している海人くんを引きずって理科室に連れて行き叱った。でも反省する様子もなく、ますます腹が立ってきて、もっと大きな声で怒鳴りつけ、思

わず理科室の机を蹴りそうになりました。そういう自分も怖い」

複雑な感情を背負い語りました。電話の向こうから車の走る音がします。

「まだ、家に帰ってないの」

「ええ、コンビニで飲み物買って、そこから電話しています」

友人は強がりました。学校でも家庭でも弱みを見せられず、逃げだすことのできない友人。いろいろあって落ち込んだとき、まっすぐ家に帰れない気持ち。沈んだ表情で帰ると何かあったのと聞かれ、「いいや別に」と答える複雑さ。この閉塞感の果てに光はあるのか。自分の経験をパラパラと振り返りました。

ちょっとして秋田くんのことを思い出しました。当時彼は5年生で、毎日暴力と暴言の嵐でした。注意は聞かないどころか反発され、こっちの言葉も荒れました。たたく以外の方法が思い浮かばないことが情けなく、自分が嫌になりました。とにかく秋田くんが毎日どれくらい暴力を振るうのか、黒板の隅に正の字を書いて数えることにしました。すると68回でした。次の日、

「秋田くん、今日は何回人をたたく予定ですか」

「えっ、なにそれ？」

「きみが、きのう人をたたいた回数ですよ。本日のご予定を教えてください」

「うーん、67回」

初めの1週間は、秋田くんの自己決定を重視しました。10日もするとたたく回数は1桁に減りました。私は電話の向こうの友人に、

「海人くんが人をたたいていたら理科室に連れて行き、新聞紙を丸めて渡し、これで好きなだけ机をたたけと言ってみてよ。そして何分たたいていたか、また電話してきて。きっと意外なことが起きるからやってみてよ」

バラバラに話したことを組み合わせると、転じてひとつの形が見えるはずだと信じていました。

次の夜、電話がかかってきました。30分間も理科室の机をたたき続けたと、少しうんざりした調子で語りました。しかし友人の無駄なく見たまま、やったままを語る観察力に可能性を感じました。今夜もコンビニの自動ドアの音が聞こえます。夜8時の電話が続きました。5日目の夜、

「**今日は何分間たたく予定ですか、と聞いてください**」

と、理科室の机をたたく直前に突っ込みを入れるように伝えました。海人くんは興

奮して自分が人をたたいたという記憶も、30分以上も机をたたき続けたという自覚もないかもしれません。そこで客観的な時間を持ち出し、セルフモニタリングをさせようとしたのです。そのうち海人くんが「20分」と答えれば、「15分でお願いします」と値切る見通しでした。それから10日後、友人から7時前に電話がかかりました。

「朝、いら立っていたから理科室に連れて行き、いつもの新聞紙を渡したら、振り上げたものの、もういらんと放り投げて教室に戻りました」

弾んだ声がしました。私は友人に秋田くんの話の続きをしました。ふてくされる秋田くんに、自分の影と戦うアニメ「ゲド戦記」のセリフを投げかけました。

「きみは何と戦っているの？」

「うるせー、黙れ」

と秋田くんは耳をふさいでしゃがみ込みました。そして、

「親なんかきらいだ！」

と叫びました。彼の家庭はいい高校、いい大学を秋田くんに求めていました。

「人をなぐる、いら立つ海人くんに、もうひとつ真実があるとしたら、それを語らせてあげてください」

「もうひとつ真実ですか。深いですね」

「人間と人間が関わるんだもの。真実を聞けばドラマが生まれる。ドラマを明らかにすることを乗り越えるって呼んでいるんですよ。本当は子ども自身も、どうして自分が暴れるのか、わけが知りたいと思います」

海人くんと秋田くんの揺れは、別々な形に見えたとしても、内部でつながっているものがあるはずです。彼らの行動の裏側を探る、ひとつ問題行動を解く方程式のようなものが浮かんできました。

話させるポイント

鏡になって「見える化」する

落ち着きを取り戻す、ごく一般的な方法は現状を認識することです。友人は注意を聞かない子どもに出会い、パニックを起こしていました。まず何回たたくのか観察し、ひとつひとつ確かめる形で数えてもらいました。さらに何分間たたくか計り、子どもと共有してもらったのです。

そのために鏡になることです。パニックを起こしていた友人に、どんな状況なのか、順を追って話してもらいます。相手から聞かれ、答える形で状況を冷静に説明すると、問題はどうして起こっているのか、これまで見えなかった全体像が、友人の前に現れました。子どもの場合もそうです。問題だけを問い詰めず、全体像が見られるよう鏡になって話す、可視化することが大切です。

スピーチモデル

子ども理解5つの視点

子どものことで困った場合、現実を「見える化」するとは、

★★ どんなときに暴れるのか……………その子の特徴 ★★

☆☆☆☆☆☆

その暴れ方や困らせ方は……………暴れるパターン
友だちはいるのか…………好きな人や好きなこと（興味）
家庭はどうなっているのか…………家庭環境
教師はどう関わり分析しているのか……教師の指導

☆☆☆☆☆☆

について情報を集めることです。情報の集め方としては、子どもを観察する、まわりの子どもに聞く、これまでの担任に相談するなどです。私から聞かれた友人は、子ども理解の足りない面に目が向き、冷静になりました。

子どもたちに教えてもらう際も同じ観点から尋ねます。わからないと答えれば、調べておいてねと、預けることにしています。困っている先生は、ただ対応策が知りたいというより、この状況の読み解き方や理解を待っているのではないでしょうか。

朝の準備

Column.2

Ⅲ

自己肯定感を高める
７つの話し方

1 伸び率でほめる

ほめるところがない子

❖尾上くんのあけた穴

尾上くんは5年生の9月に転入してきました。以前いた学校で友だちとけんかし、けがを負わせ居づらくなったとお母さんが話しました。体重が90キロ、柔道をしています。太っていて、ごっつい体型に似合わず、おとなしいので友だちからいじられ、爆発すると暴力を振るうそうです。その暴力とは柔道の締技で、相手を失神させるそうです。体重があるので相手も捕まればおしまいです。何人かを失神させ転校してきました。浮かばれない学校生活を送っています。何が得意なのか探しましたが、算数も国語もダメ、絵はうまくなく体育も苦手。際立ってほめる所もなく、地味な子でした。クラスに柔道をしている子がいて、前の事件が尾を引いてひそひそ話が始まり、１か月もすると尾上くんをからかいました。耳元で、

「おまえ・・・」

とささやいて逃げていく動きや、後ろから背中をたたき、姿を消し尾上くんがあきらめるとまたぞろぞろと現れる動きにでました。掃除時間、

「先生、大変です。尾上くんが・・・」

と呼ばれ教室へ行きました。尾上くんは、からかいグループのひとりを後ろから羽交い締めにしています。

「おい、危ない。やめろ」

尾上くんの肩をたたきました。

「こいつが・・・」

「わかる、わかる。でもやめて。危ない」

やっとの説得に手を放しました。

「だいじょうぶか」

「ゴホ、ゴホ」

2回、3回とトラブルは続きました。私は尾上くんが冷静な朝のうちに、まず暴力を止めようとドラマのセリフを探しました。けれど、まごまごしているうちに勝手に言葉が出てきました。

「尾上くん、きみは悪くないよ。だけどさ、柔道の技をかけながら・・・」

「自分が自分でなくなっていく怖さを感じることはないですか」

尾上くんは、

「こわい・・・震えるほど怖い」

と答えました。

　私たちは話し合って、ある作戦を立てました。子どもというのは懲《こ》りないもので、からかいグループは昼休み、尾上くんにちょっかいを出しました。尾上くんが彼らを追いかけると、4人グループのひとりがドアにぶつかりそうになり転びました。体重90キロの尾上くんが、その子の上にドーンと乗る。そして、こぶしを振り上げました。キャーっと悲鳴が響き、

「バーン」

尾上くんがなぐったのはドアでした。ドアはゆっくりとスローモーションビデオのように廊下側に倒れ、教室に向かっていた私の一歩前でガラスが割れました。けが人が出なかったのが幸いです。悲しい宿命か、一瞬私は怒鳴ろうとしました。気を

取り直し、

「ほうきとチリトリを持ってきて」

粉々になったガラスの粒が妙にまぶしく見えました。

20分後、子どもたちは席について神妙な顔をしています。

「尾上くんの今日の出来事をみなさんは、どう思いますか」

投げかけました。

「また暴力を振るうなんていけないと思う」

「からかった人に原因があると思います」

「だけど暴力は悪いやろ」

初めて学級の問題について時間をかけて話し合いました。尾上くんもからかいグループも身を縮めています。

「ぼくは尾上くんを注意した方がいいのだろうか。どう考えますか」

と、思いを言葉で伝えました。そしてちっぽけな独断とひらめきで、

「**今日のドア事件は尾上くんの進歩を表していないですか**」

と、ゆっくり語りました。

（なぜ？）

子どもたちの心の底に疑問と興味が流れていました。

「これまでは相手を柔道の技で締めたやろ。今日はどうして、人間をなぐらなかったの」

表現が少し平凡ですが、私は尾上くんの方を見ました。

「それは、相手をケガさせたら悪いと思ったから」

ぎくしゃくしながら尾上くんはつぶやきました。

「そうだよ、だからドアに当たったんだよな。**前と比べてとってもえらい**、成長したよ。次からは、後ろの壁のここをなぐってくれないか」

30センチの正方形の枠で黒板の横を囲みました。翌週、壁がへこみました。またその次の週、壁が破れ穴になりました。意外と安いつくりでした。他の先生に注意されるといやなので、私と尾上くんとでトトロの絵を厚紙に描いて穴をふさごうとしました。

ほめるポイント

伸び率とは過去と比べること

子ども同士の関わりがトラブルを呼ぶのは、人と比べすぎるからです。同じことを求めすぎるからです。尾上くんがバカにされたのは勉強ができず、動きが遅いからです。バカにしたグループは野球部とサッカー部の子です。勉強やスポーツの競争によっていら立ち、ストレスを弱いものに向けていると読みたいです。こんな子どもたちを救うとしたら、今日の出来事は進歩ではないかと、過去と比較し、伸び率という見方があることを教えることです。尾上くんはこんな詩を書きました。

　　風になりたい

風になりたいなあ　　もしも風にぼくがなれたら
まず　　あの雲さんと散歩したいなあ
雲に乗って　　大阪城を見てみたい
風になりたい　　ぼくの体重は　　もうすぐ百キロになる

スピーチモデル　4月と比べよう

子どもたちの価値観に、過去と比べ伸びを見つける、結果だけではなく過程を重視することを位置付ければ、救われる子は多いのではないでしょうか。いや、大人も救われそうです。

今日のケンカは、尾上くんが転入してきた頃のケンカと比べて、成長していないだろうか。変化を見つけた人はいないかな。同じケンカに見えるけど、相手をたたく前に一瞬止まったんだよ。この一瞬をどう考えますか。

トラブルの中に光を見出す話し方ができれば、反省ばかりでなく認め合うことができます。いま少し、違った関わりや見方があることを伝えたいです。

2 授業でほめほめ大会

頭と体がアンバランスな子

❖言葉は豊富、体はぐにゃぐにゃ

カコちゃんはいつでも、どこでも声をあげて泣きました。もう2年生なのに泣きだすと止まりません。階段を降りるときは右左、右左と足を一段ずつそろえて降り、トントントンと交互に降りられない。まして一段ぬかしなんて到底できません。読書が好きで勉強がよくでき、大人が使うような言葉をたくさん知っていました。油断していると勝手に膝に乗ってくるアンバランスな子でした。歯科検診のときに、

「歯垢がたまると虫歯になるのよね。注意しなきゃいけないわ」

と、歯医者さんとおしゃべりし保健師さんから、

「はい、あーんして」

と急がされました。２年だというのに、言葉は豊富で理屈屋さんでした。

水泳の時間にシャワーが怖くて浴びようとしません。

「さあ、怖くないよ。ちゃんと体を洗おうね」

「そうよね、衛生上よくないわ。うん、わかった。決心した」

と言いながら泣き出して、

「涙が邪魔して入れなーい」

と泣きました。ついていけない気になります。こんな調子なので行動はだれよりも遅く、昼の掃除も5分は遅れて戻ってきました。遅れても前のドアから入り、「ドキンちゃんです！」と、おかしなポーズをとり、みんなを笑わせようとしました。遅れてきたカコちゃんがドアを開け、ポーズをとる。私はそのとき全員でベランダに隠れ、驚かすことにしました。カコちゃんは、だれもいなくて泣きました。

11月になって、ランドセルに落書きされたとお母さんから電話があり、自分の子は自分で守りますと言われ、送り迎えが始まりました。お母さんが迎えに来られない日は私が送りました。

「わたし、転校するかもしれないの」

建設中の電波塔の前を通りかかるとカコちゃんが話し出しました。

「だって、うちのマンションの前にも大きなマンションが建って日が当たらないの。それにこの電波塔でしょ。日照《にっしょう》権に電磁波、そのうえわたしがいじめにあっちゃって、転校の条件が3拍子も揃っちゃったのね。アハハ」

(アハハじゃねえよ)

微妙にいら立ちました。

「鏡よ鏡、あなたの望みは何ですか」

と、おおげさに呪文を唱えました。カコちゃんは、

「おうちに遊びに来てほしーい！」

小さくジャンプしました。私は、子どもを誘い遊びに行くことにしました。

国語の時間にカコちゃんは、幸せの意味を次のように定義しました。


しあわせ。しあわせとは、本を買ってもらうこと。おもちゃを買ってもらうこと。家の玄関が友だちのクツでいっぱいになること。玄関がクツでいっぱいになって、おかしがたりなくなった。わあー大変。だけど、わたしはしあわせだった。


今度はまわりの子にカコちゃんとはどんな子？　と話しかけました。

カコちゃん。カコちゃんは本が好きな人のこと、本が友だち。家に本がいっぱ

いあって、人形もゲームもいっぱいありました。とってもかわいそうでした。

きっとだれも友だちがいないからだと思います。


「鏡よ鏡、世界で一番ほしいものはなあに？」

私はもう一度カコちゃんに、しゃれた呪文を唱えました。

「わたしが一番ほしいのは、いつも一緒にいれる本当の人間の友だちなの」

「ぼくは、おまえの友だちやろ。毎週カコと公園で遊んでいるぞ」

一緒に公園で遊んでいる秀忠くんが刺激されました。

「うん、でも半信半疑なの」

（半信半疑？　こんな言葉を2年生が使うかな）

ふと変わり者の主人公が、まじめでがんばり過ぎてしまう歯科医役の榮倉《えいくら》奈々と夕食をとるシーンを思い出しました。ドラマ「僕らは奇跡でできている」です。人の心が読めない大学の先生役が高橋一生《いっせい》です。セリフのずれ方が絶妙でした。

「ぼくは、きみのいいところを100こ言えるよ」

食卓に座った高橋が
「歯磨きが上手、箸の持ち方がキレイ」、彼女をほめると「そんなの、できて当たり前でしょ」と榮倉がむきになる。すると「当たり前のことをほめちゃいけないんですか」と高橋から返され、ふたりは見つめ合います。私は、「きみ」をカコちゃんに言い替えました。

「ええっ、わたしのいいところ？」

カコちゃんは私を見ました。もう一度、私は同じセリフを言いました。すると、100こは無理かもしれないと、少し困りながら指を折りました。

「100こ言ってほしい」

「本が好き。本読みがうまい。歯磨きをする。トイレにひとりで行ける。手も洗う。席につくとき、よっこらしょと叫ぶ。掃除から遅れて帰っても平気。ことば集めがうまい。タオルを首にかけるのが好き。それがよく似合う」

ここまで言うと、子どもたちがゲラゲラ声を出して笑いました。

「今度は、ぼくのいいところを100こ言って！」

次々と子どもたちに頼まれました。ほんのひととき、子どもは大人に寄りかかり、そして去っていく存在、そんな気がしました。

ほめるポイント 子どものいいところ10こ言えますか

どうしたら子どものいいところを見つけることができるのでしょう。それは子どもをよく観察することです。でも観察するのは教師だけでなく、子どもたちにも癖づけたいです。そこで特別活動で、隣の人のいいところを10個見つけようと投げかけて、いいとこ見つけ大会をします。発見したことはクイズにして発表会です。こうするといいところを見ようとする経験が子どもたちにも身に付きますし、教師も子どもの発見から情報を得ることができるでしょう。

スピーチモデル　場面を再現して話す

きのうね、こんなことがあったんだと、朝の会で事実を時間の経過の順に話します。

昨日カコちゃんの家のそばにある公園で遊んでいたら、秀忠くんがやってきた。そして滑り台に登った。すると秀忠くんのクツがポローンとひとつカコちゃんの頭に落ちた。カコちゃんは、黙って靴を拾い渡したんだよ。やさしいな、拍手！

さらにまわりの子どもの様子や景色、心の中で思ったことなどを加えると、より情景が描写され、もっとおもしろく聞こえます。おもしろく話すとはありのままに再現して話すことです。これはだれにでも、できるのではないでしょうか。

3 気になる授業の落とし物

史上最大のごみ人間

❖史上最大のごみ人間、消しゴム４号

マルちゃんは机の中がゴミだらけ、教科書が入りません。無理やり押し込むと教科書がはみ出してちょっと触れると、

「ドサーッ」

床に落ちました。火曜日はお片付けデーで、みんなが自分の机の中やロッカー、カバンの中を整理する日にしました。けれどマルちゃんの机の中は、ぐじゃぐじゃになったテストや宿題プリントでいっぱいです。ランドセルの中もプリントだらけ。授業参観の案内や献立《こんだて》表、運動会のお知らせまでしわくちゃでした。

「おまえなあ・・・」

自立への道を見失いそうです。マルちゃんの整理担当をつくりました。

友だちがいないというわけではありません。休み時間は、ぶらぶらと校庭を歩きながら棒を拾い、人をたたきました。2年の頃は、先生に注意されると反抗し教室を飛び出し、グラウンドを逃げまわりました。私は、その光景を3階から眺めていました。逃げ足は速いです。3年になって担任になりました。机の中は史上最高に

ゴミだらけ。

「自分のことは自分でしようや」

カビの生えた言葉をかけると、上靴を投げつけてきました。

（このやろう）

我慢の連続です。拾ってあげると、

「臭ってみて」

というので反射的に臭うと、

「くせーやろ」

と笑いました。悔しさがあふれてきました。床は消しゴムとプリントの海。消しゴムに番号をつけていくと、４号までありました。

「消しゴム４個は贅沢ですよ」

拾ってあげても、また落としました。

運動会が終わり、本格的にマルちゃんと関わらなければと思いました。マルちゃんが好きだったのは漫画です。これをうまく活動にできないか。新聞社にお父さんが勤めるスーさんが目に留まりました。マルちゃんと小さな新聞を書いたらどうかと誘いました。スーさんはすぐに飛びついて、マルちゃんは４コマ漫画の編集長になりました。くだらない漫画がなぜか人気になりました。

「先生、印刷してください」

「何枚印刷したらいいのでしょうか」

世知辛《せちがら》い職員室です。コピーにも気を使います。

「会員は８人やな」

ライバル新聞社も誕生しました。私は社会や国語のまとめも個人ニュースやグループ新聞にしました。ブームが授業にも広がります。新聞社は５社になりました。乱立状態です。読者を獲得するため放課後も家に集まって、あるいは学校のベンチで編集会議が開かれ、徒党を組み始めました。おかげで新聞は文字が増え充実してきました。

「先生、マルちゃんがぶつぶつ言って困ります」

ハロウィンが近づいてきたとき、几帳面《きちょうめん》なふたりの女子から苦情が来ました。私は、「授業でうるさかったら、そのときに緊急学級会をお願いしますと、手をあげて発言できるかな。どうだろう」

と相談しました。ふたりは顔を見合い決心しました。放課後、スーさんとマルちゃんに残ってもらいました。そして女子の話をしました。スーさんは、「なにもわかっちゃねえなあ」と、新聞づくりで知ったマルちゃんの事情を語りました。私は映画「雨あがる」のラストシーンに思いをはせました。腕の立つ、でも融通の利かない武士夫婦（寺尾聰《あきら》と宮崎美子《よしこ》）が峠で城下を振り返る素敵な場面です。

「貧しい者は人とつながり、気をくばって生きていくしかない」

私が真似た言葉にスーさんは共感し、マルちゃんの肩をたたきました。

「先生、緊急学級会を開いてください」

次の日、社会の時間に女子が騒がしくて、マルちゃんには困ると訴えました。

「あのなあ、ぼくはマルちゃんと新聞を家で書いていて知ったんだけどな」

と、スーさんが立ち上がりました。

「マルちゃんちはな、中学生の兄ちゃんがいるんや。その兄ちゃんがマルちゃんをなぐったり蹴ったりする。でも兄ちゃんは、本当の兄ちゃんやなくてな、いとこなんや。お母さんが事故に遭《あ》って植物状態で、マルちゃんちに引き取られたんや。みんな面白くないんや。マルちゃんが、ちょっとぐらいふざけてもしょうがないやろ」

淋しさの果てに今がある、スーさんが精いっぱい語りました。戸惑いが生まれました。

「だけど、・・・減らしてほしい」

細い声で女の子がつぶやきました。その瞬間、ぽろーんと消しゴムが落ちた音がしました。私は二、三歩歩いて消しゴムを拾い、

「人には人の人生があるように、消しゴムにも消しゴムの人生がある。最後の一粒まで使われて、ぼくの人生を終わりたい。消しゴムもそう望んじょんよ」

落とした子どもに手渡しました。どちらの話がよかったのか、マルちゃんの落とし物は減りました。算数プリントが紙飛行機に姿を替え落ちていると、

「ぼくはヒコーキになるために生まれてきたんじゃない」

子どもたちは、言葉を添えて持ち主に返すようになりました。

ほめるポイント

人形劇、人にたとえて話す

落とし物が多い子どもにどう話したら通じるのでしょう。モノを大事にしろ、それでできれば簡単です。子どもたちは生き物が好きです。「消しゴムが泣いているよ」と話すと、「かわいそう」と子どもが言い出します。あたかも消しゴムが生き物のように「ぼくの人生を全《まっと》うしたい」と涙声で語ると、次からは「きみの人生を無駄にはしないよ」と落とし物を拾う光景が増えました。

ぬいぐるみやパペットを使って話すともっとリアリティがでてきます。これは低学年ほど有効な話し方です。高学年でもこうやって話すと、ばかばかしいと言いながら、懐かしさもあり話に参加してきました。

スピーチモデル　ばかばかしいがおもしろい

授業中に消しゴムが落ちていれば、

「消しゴムが泣いているよ」と拾い、プリントが落ちていると、**「プリントがぼくは捨てられるために生まれてきたんじゃないと嘆いているよ」**と渡します。帽子が落ちていると、**「ぼくの持ち主は冷たい人なんだ」**

と、泣きごとを言ってみます。うそと真実を含んだ話をしていると、どこかユーモラスでばかばかしい。だから子どもたちも乗ってきて、「ごめんよ。きみが嫌いなわけじゃない」と筆箱に話しかけ、拾う姿が見られました。落ちたことを気にしてくれれば、こちらのいら立ちも減ってきます。

4 授業で書き言葉の交流

非行に走ると宣言する子

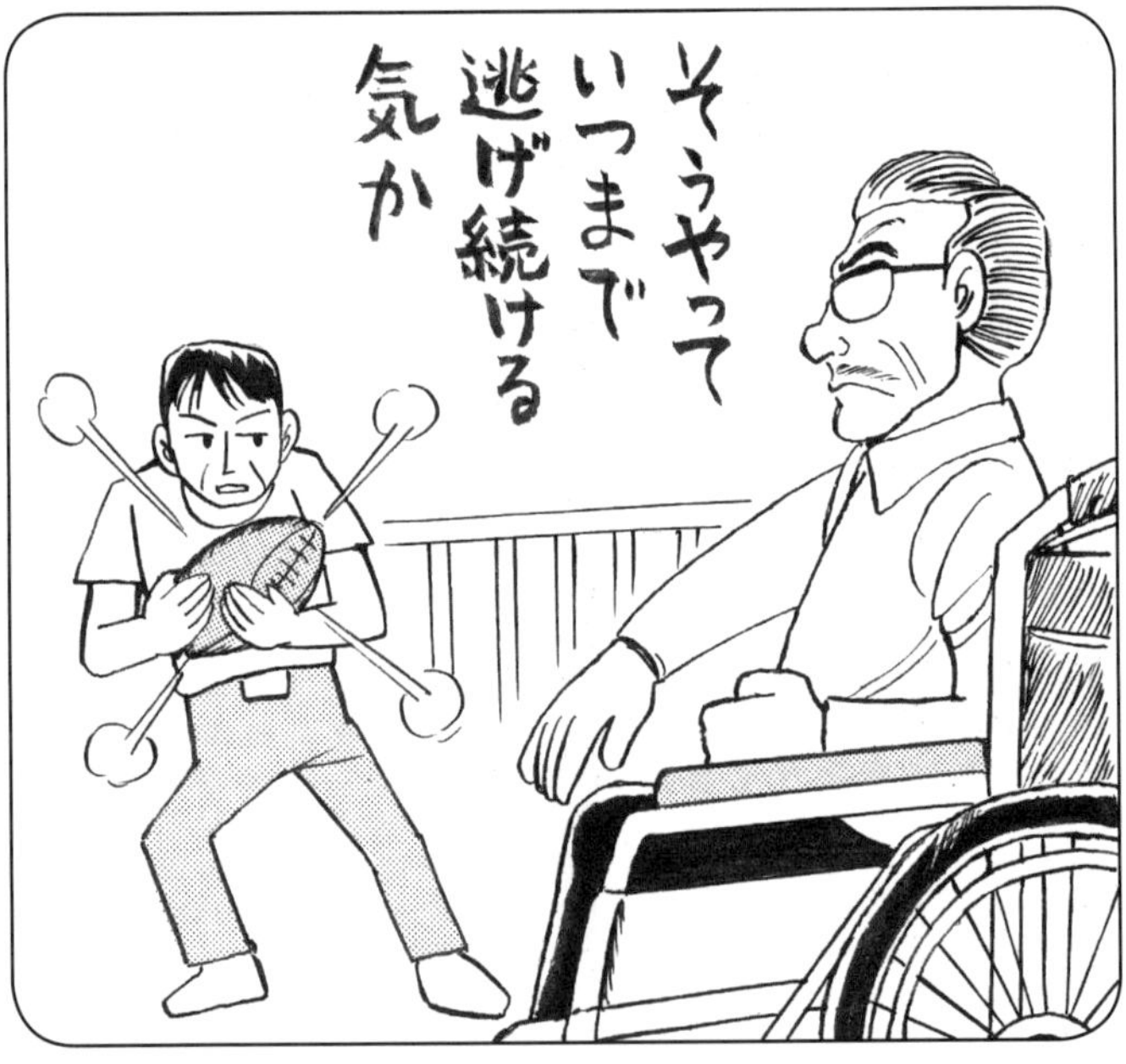

❖うちは姉ちゃんの後を継ぐ

４年の時から荒れ続け、６年になると非行に走る中学生の姉ちゃんの後を継ぐと豪語し、遅刻はする、早引きはする、授業中に校舎を徘徊《はいかい》するヨーコ。止めようものなら、暴言の嵐となり、教師も上品なままではいられません。11月の終わり、彼女の一家が突然隣の別府《べっぷ》市に引っ越し、転校しました。社宅の団地でいさかいを起こし、アッという間のことでした。夜の7時過ぎにアパートを探し当てました。温泉の煙がネオンに照らされ、のぼっていきます。湯の花の香りが鼻を突きました。鉄製の階段の音が響きます。手すりが錆びていました。手前の部屋にお父さんとお母さん、小学校3年の妹とヨーコがこたつに入っていました。奥の部屋にはシングルベッドが置かれ、中学3年になる姉ちゃんと彼氏が一緒に寝ていました。

（どこをみればいいの？）

こたつの上のミカンに目をやり、姉ちゃんの方をちらっと見ると、一緒にベッドに入っているだけで服は着ています。どうするか、学年教師で話し合うと、あと４か月、何とか全員そろって卒業させたいと侃々諤々《かんかんがくがく》の議論になりました。この日は、うちの学校に戻ってくるように説得に来ました。

お父さんとお母さんが、私たちをもてなしたいと妹を連れコンビニに行きました。その隙にヨーコの本心を聞こうと、担任が切り出しました。ヨーコは、グダグダ言いました。私は銀行マンが事件に巻き込まれ、刑務所を出所したものの家族に会いに行けない。高橋克典主演のドラマ「不惑のスクラム」に似ている気がしました。先輩役、萩原健一が病院の屋上で車いすに乗っています。


「そうやって、いつまで逃げ続ける気か。縮こまって生きるのか」


向かい合う主人公に、余命短い先輩が精いっぱいラグビーボールを投げつけるシーン、あれは印象的でした。代わりにミカンをヨーコに向けて投げました。

「うちは姉ちゃんの後を継ぐ」

ヨーコがミカンを右手でつかみ、ベッドの方を向きました。

「なに言いよんの。うちみたいな子はな、うちひとりでいいんや。ヨーコは普通の道をいきよ」

姉ちゃんが起き上がりました。今の自分に疑いを持つ意外な言葉でした。隣の彼もつられて起きました。

「いやや、うちは姉ちゃんの後を追う」

ヨーコが悲しげな声をあげました。次の週、ヨーコたち家族は社宅に戻りました。再び格闘の日が続きます。私はヨーコの家庭科を担当していたので、家族をテーマに詩を書いてもらいました。ヨーコのつぶやきをメモしていくと立派な詩になりました。

自分勝手　　ヨーコ

自分勝手に生きてきた　だれが頼れるっていうの　そんなことできない
安全ピンで耳に穴をあけた　痛かった　髪を染めた　茶髪になった
厚底を買った　高さ10センチ　いろいろな色が混ざっている
何が言いたいの？　それがわかっていたらしないよ　心のなかのモヤモヤ
言葉にできないイライラ　待っても　待っても　届かぬ思い

子どもというのは揺れ続けるものです。みんなも書いてみようと誘いました。**書き言葉による交流です**。大人びた女の子が家に戻らないお父さんのことを書きました。

　　あの人

家族はどんなときでも　一緒にいるものだ　だけど　うちの家族は違う
うちの中にひとり　どこにいるのか　何をしているのか
全然わからない人がいる　やっぱりわたしは　あの人のことを思う
心配というか　よくわかんないけど　とても不安な気がする
昔みたいに　一緒にご飯を食べたい

ヨーコの詩に触発されて、閉じ込められていた負の世界が開かれたようでした。様々な不安が、子どもたちの心の中に充満していました。

　　なぜ

ぼくは男だ　体も大きくて普通の人より力もある　でも夜中

ふっと考え込んでしまう　なぜぼくは　体も大きくて力もあるのか
友だちは　仲のいいふりをしているだけじゃないのかと
考えれば考えるだけ　わからなくなって悲しくなる
もう寝よう　答えが見つかるまで時間がかかりそうだ

人間そのものの寂しさを読み合いました。おとなしい、やる気のない子どもたちが秘めていた嘆きが、だんだん自覚的な言葉になりました。

次の土曜日、私はヨーコらとピーマンの肉詰めをつくりました。

「手作りっていうのもいいもんやな」

ヨーコは、大根を入れた味噌汁をかき混ぜました。そして、

「先生のクラスの子どもは、今年も来年もいじめんからな」

本当らしいうそをつきました。

6年後、モスバーガーで待ち合わせました。ヨーコは2児の親になりました。

「男はダメやな。今日もパチンコにいっちょんので。ろくに子守りもせん」

幼いふたりの子を両脇に抱えポテトを口に入れました。たしかに、男はダメかもし

れないと我が身を振り返りました。

ほめるポイント 話術におぼれず、書き言葉の交流をつくる

話がうまいとは、相手にメッセージを届けるのがうまいということです。効果的な方法のひとつは、書き言葉を使い子ども同士の交流を起こすことです。書き言葉はいつまでも形に残り、励ましてくれます。子どもが書いた文を読み上げるだけで、子どもたちは話に集中します。書き言葉の魅力です。

スピーチモデル 手紙はいいものです

行事や班替え、学期の終わり際に、「隣の人のいいところや発見したことを書こう」と時間をとります。ときには委員長や班長にメッセージを送ることもありまし

た。自己肯定感は、友だちから認められることで最も育ちます。

★★★★★★★★

運動会など行事の後に、まとめとしてがんばったことを紙に書いてもらう。その紙に班の人が次々とほめるコメントを書き加えて本人に渡す。

行事のまとめとして、友だちの意外な一面を探しカードに書く。それを順に教師が読み、だれに向けて書いているかクイズにして当ててもらう。

帰りの会で、ほめほめコーナーをつくり出席番号順にほめる。

★★★★★★★★

このような形式的なことに加え、授業で生活を見つめ詩や作文を書くことは、内容が深まり人とのつながりを実感させることに大変役立ちます。私たちは、生まれるとともに人の中で生きています。

5 反抗はラブ

甘えてくる子、プチプロポーズ

❖お金も貧困、育て方も貧困

ナックンはいつも授業中ぶつぶつ、つぶやいていました。それはものすごい雑音ではなかったけれど、電車がガタガタと遠くで音を立てているように響いていました。先週の火曜に水筒を机に置いたまま帰ったので追いかけると、

「このまま家まで送ってくれ」

と、４年生だというのに甘えてきました。期待に応え一緒に歩いてあげると次の日、国語の授業中に私に足をかけてきました。

（どこまでも、ふざけちょんな）

彼をにらみつけると、国語の教科書の端っこを指さしました。そこには、

キヨウモ　オクッテクレ

と書いてありました。私はナックンの鉛筆を借りて、

ダッタラ、マジメニスルカ?

と返事を書きました。筆談には筆談です。彼はＯＫと書きました。その日から、毎日放課後の送りが始まりました。反抗は甘えだったのです。

帰り道の人間関係が休み時間に変化をもたらしました。ナックンは、お金の都合で幼稚園にも保育園にも通っていません。日中ひとりでアパートに閉じこもり、暮らしていました。

「小学校に入って、自由が広がった」

彼の言葉です。ナックンが砂場で泥ダンゴをつくっていたので、私は泥ダンゴクラブをつくるように誘いました。部長はナックンで、副部長は入学式で代表挨拶をしたルナちゃんでした。

「わたし、手が汚れるようなことをしたことがない」

とダンゴづくりを気に入り、おかしなコンビが誕生しました。ふたりは泥ダンゴ大会を計画し、帰りの会で提案しました。さらに**授業でも出番**をつくることにしました。どの教科でも最初に音読を入れました。ナックンに音読してもらい、それに続いて山彦のようにみんなが読んでいく方式です。ナックンは喜んで読み、疲れるともう満足と交代し、その時間は落ち着きました。私は、

「**元気な声で読んでくれました。ナックンに拍手**」

と、**小気味よく拍手**を送りました。拍手は実にほめられている気にしてくれます。

強く短い拍手ほど気持ちに区切りがついてすっきりしました。拍手効果です。

学級は、いい方向に進んでいました。

「さあ、帰りませんか」

私は時計を見ながら、隣のクラスの先生に声をかけました。

「それが、今日は帰れないんです」

うらめしそうに職員室の丸い時計を見上げました。もう5時半です。

「クラスの子どもがケンカして、ケガをしたので家庭訪問です。でもお父さんが、7時半じゃないと帰らないというので、それまで待機です」

夜の7時過ぎ、私は大型スーパーの前に立っていました。隣の担任が、

「お待たせしてすみません」

細身の体に白いブレザーが似合います。ふたりで2軒の家を訪問しました。9時近くになりました。ネオンの間から月がぼんやりのぼっていました。

「先生、同学年の人が一緒に家庭訪問してくれたなんて初めてです。心強かったです。今夜は本当にありがとうございました」

まじまじと見つめられました。私はどう答えたものか考えました。ふと永六輔《えいろくすけ》さん

の詩と、ドラマ「お母さん、娘をやめていいですか？」のセリフが重なりました。

けれど、どこか曖昧《あいまい》です。

**「だれかに迷惑をかけてまで幸せになってはいけないって、
思ってはいませんか」**

「ええっ、・・・」

また1歩近づいてきました。そして、軽く目を閉じて
「**今夜限りでそんな生き方を辞めますわ。人を頼って働きます**」

微笑むとくるりと背を向け、ハイヒールの音を響かせて帰っていきました。

次の週、授業参観がありました。ナックンのお母さんとばったり出くわした隣の担任が、このごろナックンの調子がよく、授業中もだいぶ落ち着いてきたと話しました。

「そんなにうちの子は、悪かったんですか」

お母さんは目をパチパチしました。

「こんなもんじゃないですよ」

と隣の担任は、私の言えなかったことをすべて話してくれました。

10月になってルナちゃんが、

「わたし、ナックンと同じ班になってみたい」

と私の隣に座り、服を引っ張りました。あいつは手ごわいし面倒だよと説得しましたが、決心は変わらず、ふたりは同じ班になり泥ダンゴづくりで盛り上がりました。

ごんぎつねの学習のまとめで、班ごとに壁新聞づくりをしていたときです。

「おれの腕がどうしてこんなに細いかわかるか」

マジックを持った腕をナックンがさすりました。みんな作業をやめました。

「おれの家はな、朝の7時から夜の7時まで宅配の仕事をしているんや。だけん朝ごはんもろくにねえ、晩ごはんだって弁当ならましな方や」

「信じられない。そんな家もあるのね」

ルナちゃんがナックンの肩に手を置きました。ナックンは、

「でもおれは大人になったら、こんな家じゃなくて、家族みんなでご飯を食べる家にしたいんや。ルナちゃん、おれと一緒に家族をつくらんか」

プチプロポーズをすると、

「10年早い！」

班の人から頭をたたかれました。私は、未来を語れるようになったナックンにたっぷりと拍手を送り、作業に戻ってもらいました。

ほめるポイント　拍手でほめられ気分を演出

子どもたちが最もほめられたと実感するのは、拍手を送られたときです。授業で発言すると「ドキッとする発言ですね」とか「光っていましたね」のあとに「拍手！」と言葉を続け、みんなで認めます。こうするとほめられた感は100％です。しかも、拍手の嵐は教室のざわめきを消し、気持ちを切り替え、一体感を演出してくれます。

スピーチモデル　だれでもできるほめ方

いいね、拍手
久しぶりの発言ですね、拍手

拍手は、人の弱さを覆う雰囲気を変えてくれます。短くほめて拍手を送ります。わけがわからなくても、うれしいものです。そこで、大事になるのが拍手の仕方。何でもリハーサルが必要で、拍手も短くて強い音の方が感じよく聞こえます。「拍手を７回くらい早く強くたたいてみよう。さあ練習ね」、こんな調子で何度か練習します。

6 地味な子を派手にほめる

ぼくも気にかけてください

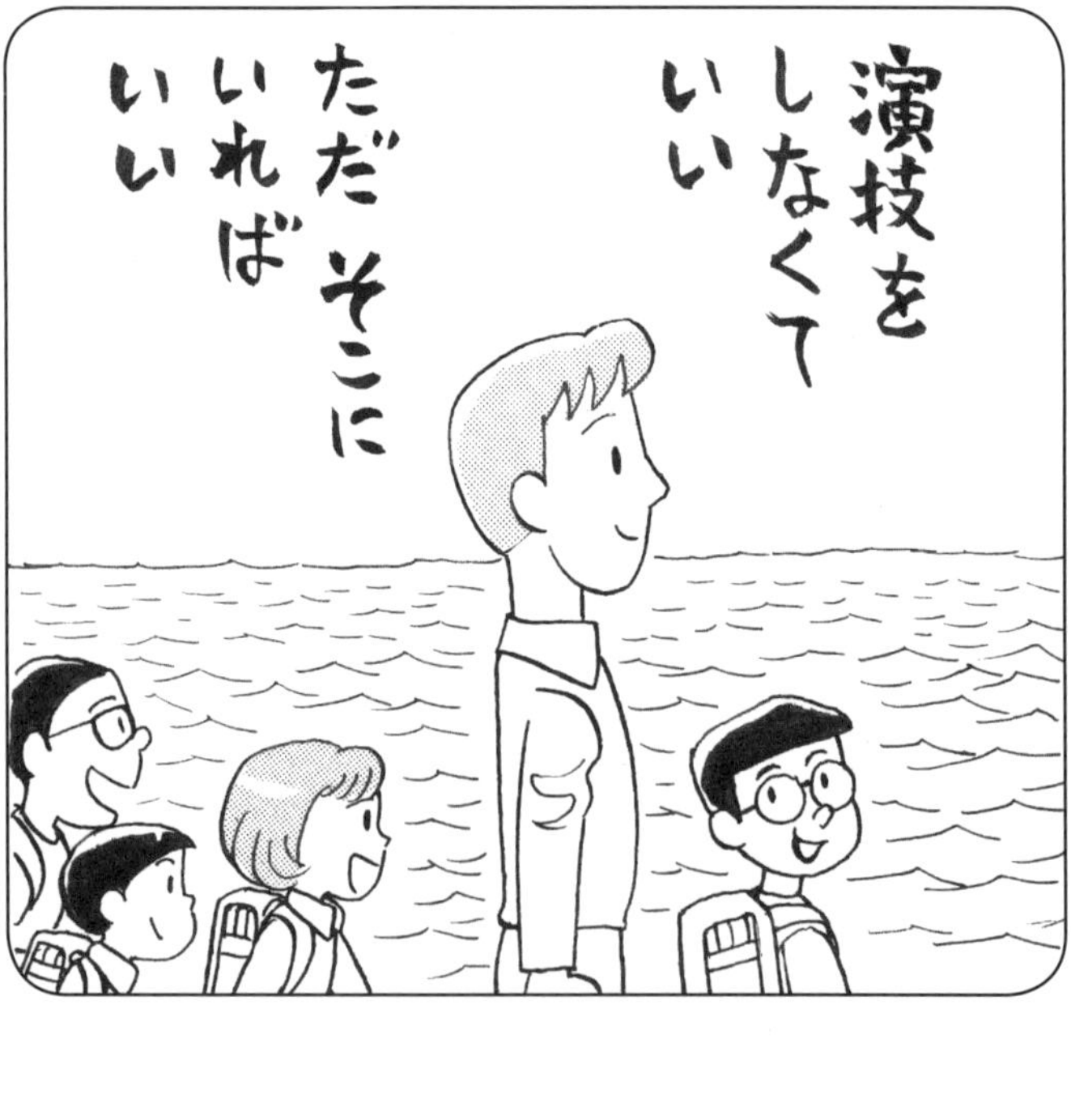

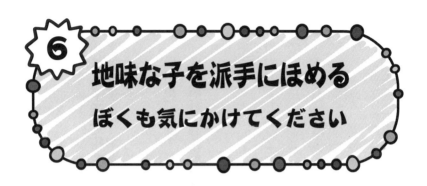

❖息をひそめて待っている

ナックンを家まで送っているといろいろな学年の子どもたちが、

「今日はどうして先生がいるんですか」

と尋ねてきました。

「ちょっと訳ありなんです」

この程度のあいまいな表現をすると、

「ああ、なるほど」

ナックンの顔をちらっと見て、どういうわけか子どもたちは納得し、それ以上は聞いてきませんでした。送っているときに信号で立ち止まり、青信号になるのを待っていると、知らない子まで話しかけてくれました。

（学校の先生って、ここまで人気があるのか。それともぼくの人気か）

ちょっとしたアイドル状態に驚きました。最初の３日間、私はナックンを家まで送りましたが、だんだんと得意の値切りに出ました。

「今日は途中のメガネ屋さんまででいいかな？」

「ええー、メガネ屋かあ」

こんな調子で最後は、

「本日は公務多忙なため、靴箱まででお願いできないでしょうか」

と頼むと、

「うん靴箱でいいよ。一緒に帰ってくれる人ができたけん」

とあっさりと答えられ、私は放課後を自由にできました。よくそんなことができますねと言われることがありますが、クラスを決めるときに、

「一番大変な人をぼくがとりましょうか」

と言い出します。みんな喜びますね。そこで、

「その代わり、応援してくださいね」

条件を付けました。ただのお人よしとは違います。

1週間後、ヒロシくんが、

「先生、ぼくはいつ送ってくれるんですか。ぼくは東門から帰るんです」

と、帰りの会で発言しました。おとなしい子がこんなことを考えていたのです。人生のホロ甘さを感じました。迷っていると高倉健《けん》さんが映画「海へ」のインタ

ビューで、

「演技をしなくていい。ただそこにいればいい」

味わい深く語り、海を見つめた横顔を真似たくなりました。私は複雑なことは考えず、彼の求めに応じることにしました。

「わかりました。今度の木曜日に東門で会いましょう」

門に行くと、ヒロシくんたち15人が待っていました。クイズをしながらひとり、またひとりと去っていきました。最後はヒロシくんとふたりです。

「帰ったら、だれかいるのかな」

「今日は母さんがパートの日だけど、3時までだからいると思うよ」

「家に帰ったら待っている人がいるっていうのは、うらやましいね」

「先生には、待っている人がいなかったの？」

「いや、お母ちゃんがいたけどなあ・・・」

まるできつねの窓みたいに、遠いむかしの光景がかすんで見えました。

「何かありましたか。先生」

ヒロシくんのお母さんが目の前に立っていました。ヒロシくんが事情を話すと、

「よくまあ、送ってくださいましたね。わかっていたら、お化粧《けしょう》して待っていたのに」

と笑いました。次の週も木曜日にヒロシくんたち東門グループを送りました。その翌週も送ろうとすると、ある子どもが、

「もうわかったけん、いい」

と断りました。するとヒロシくんも、

「ぼくも満足した」

と声をあげました。

「先生たちは、いつも目立つ子の方を向いているから、ぼくも大事にしてくれるのかなって思った」

うらやましさの奥に期待がありました。子どもといえども実に不思議です。私は、結晶化されたヒロシくんの言葉に、ナックンのような気になる子に気持ちが向き、おとなしい子は気にかけていたのかなと、振り返りました。それから授業の終わりに、

「今日のまとめを発表してください」と呼びかけ、**列ごとにあてました。**手をあげている子どもだけを指名すると、いつも限られた子なのです。**だれもが発表できるチャンス**を意識的につくりました。

ほめるポイント

おとなしい子を順番にほめる

気になる子は、ほめておだててその気にさせようとします。できる子どもはいつも授業をリードし、ほめる場面が生まれます。その谷間にいるのがおとなしい子です。おとなしい分だけある意味損をします。そこで授業のまとめで、「このノートを見てください。ヒロシくんのまとめです。よくできていますね」と、ノートをテレビに映し出し、おとなしい子どもを意図的に指名しました。おとなしくて発表しないヒロシくんタイプの子どもたちも、こうすればほめられるチャンスがまわってきます。授業の終わりに**意図的におとなしい子をほめる。**ヒロシくんが教えてくれたことでした。

実は大学の講義でナックンのことを話したとき、「先生は、おれたちが我慢しておとなしくしていたのに、見ていてくれなかった」と、ヒロシくんの言葉に似た学生の感想がいくつもありました。地味でまじめな子にも、ほめ言葉は必要で、それを拠《よ》り所《どころ》にして我慢ができるものです。毎日の授業場面を使い、私は出だしの音読と終わり際のまとめでは、そっと順番をつくり、おとなしい子どもを中心に指名し、大げさに計画的にほめるようにしました。実践は間違いや失敗を含みながら飛躍するものです。

スピーチモデル ノートや作品、実物でほめる

何事もやる気が大事です。私は、学校時代おとなしい子でした。出番がまわってこない、ほめられる認められる機会の少ない子です。そこで必要なのは、出番をつくることです。授業では、手をあげていない子どもにも発言の機会がまわるよう班を使うことにしました。また手をあげている子をあてる以外に、出席番号順や列を

使い機械的に出番をつくりました。朝の会や帰りの会では、２人ずつ順番にほめる月をつくると、ひとりひとりの子どもをよく観察するようになりました。ほめるときは、具体的な様子の他に、ノートのコピーや習字の縮小コピー、図工の絵など作品を縮小すると大変うまく見えます。具体的にはこうほめます。

★★★★★

さて今日のこの絵は、だれが描いたかわかるかな。この葉っぱの線を見てください。実にしなやかな線で、葉っぱの重なりを表現しているよ。いいねえ。（間をとる）この芸術を描いた人、手をあげてください。拍手！

★★★★★

7 集団を高める話し方

となりの子をほめる

❖アーダコーダの天才、人を追及する

6年になってカマちゃんを担任しました。カマちゃんはいつも厳しい目をしていました。休み時間はドッジボールに燃えましたが、必ず言い合いになり途中でやめました。たまたま不満ばかりを訴える竹蔵くんと遊ぶようになりました。竹蔵くんは新学期早々、苦情の電話がかかり注意しようとすると、アーダコーダと逃げました。

「帰り道、女子につばを吐きかけたんですよ。それで・・・」

その日、お母さんが竹蔵くんを迎えに来たので話しかけると、

「うちの子は何と言っているんですか。言い分があるはずです」

と激しい剣幕で言い返されました。勢いは竹蔵くんそっくりでした。

ふたりは昼休みに将棋をして遊ぶようになりました。1学期の終わりには将棋大会を学級会に提案しました。彼らの人生史上初のことでした。参加者募集が行われ、翌週の昼休みから1回戦が始まりました。ふたりは2回戦で姿を消し、水曜からは大会のお世話のみとなりました。

「なんか割が合わんな」

カマちゃんが、ごんぎつねみたいにぼやきました。

「おれたちが、あれだけ計画立てたのに、むなしいなあ」

竹蔵くんも不満を重ねました。すると、準決勝へコマを進めたナベちゃんが、

「おまえらは本当の厳しさを知らんな。おれのしている柔道はもっと厳しい」

と、首を振りました。彼は柔道の県チャンピオンです。もうひとり、兄弟で東京大学を目指している高ノ宮くんが、

「甘いなあ、厳しいのはスポーツだけじゃない。勉強だってずっと厳しい」

現実へ連れ戻しました。何を言っても吸収され、カマちゃんらは黙りました。

夏休み直前、給食の時間に
「おれの部屋がせめて普通の広さあったらなあ」

竹蔵くんがお得意のボヤキを始めました。カマちゃんが、部屋はどれくらいの広さか尋ねると、机とタンスがあって、ベッドを置いたら動く隙間もないと図に書いて渡しました。私たちは夏休みになって、竹蔵くんの家に行って確かめることにしました。竹蔵くんは、瓦葺《かわらぶ》きの農業倉庫にあるトラクターに寝転がっていました。

彼の家は大地主です。

「このアイス、食うか」

倉庫の冷蔵庫を開け、いきなり言いました。子どもたちは喜んでもらいましたが、私にはプライドがあります。断りました。課題研究を終え遊んでいるとカマちゃんが、

「竹蔵、おまえは普通を知らんのやねえか」

カマちゃんは県営アパートにお母さんとお姉さんの3人で暮らしています。竹蔵くんは、ブスッとした顔をしました。

「普通の家はなあ、自分の部屋なんか・・・いや、やっぱやめとこう」

カマちゃんは、話題を変えました。

私は、夏休みの間に質問カードをつくりました。勉強ができる子が発表する。そこで質問カードを見ながら、

「どうしてそう思ったんですか」

カマちゃんらが聞き込む役です。ナベちゃんや高ノ宮くんはいつも発言し際立っていました。ふたりにカマちゃんと竹蔵くんが得意の批判的発言力を生かし、質問という形でからんでくると、どちらの存在も生かすことができ、授業は厚みを増すのではないかと考えました。

2学期になって、説明文の単元で高ノ宮くんが発言しました。私がカマちゃんを見つめます。すると手元のカードをちらっと見て、

「どうしてそう思ったんですか」

と質問する。高ノ宮くんやナベちゃんは黙っていられません。

「教科書にそう書いているからです」

頁と行を指摘しました。ところが竹蔵くんが、

「教科書に書いてあるからといって、本当かどうかはわからんやろ」

不平不満生活をぶつけてきました。こういう子の斜めに構えた見方は役に立ちます。

今度は高ノ宮くんが、さっと美しいほど手をまっすぐあげて、

「教科書にうそを書いているはずがありません」

少し傲慢《ごうまん》に言い切ります。ナベちゃんも、「確かに」とうなずきました。けれど、

「見たこともない人の言うことを、ただ書いているだけで信じるんか」

竹蔵くんは追及します。そして、**カマちゃんをちらっと見ました**。カマちゃんが、

「高ノ宮、おまえはどう考えるんや」

と名指しで言いました。高ノ宮くんは立ち上がったものの黙りました。

「難しい算数の問題はスラスラ解けるのに、自分のことは答えられんのか」
カマちゃんは不思議そうにつぶやきました。

　高ノ宮くんの詩

塾仲間にも負けず　天才にも負けず　丈夫な頭を持ち　けっして怒らず
いつも静かに勉強している　2階の机の前に座り
東にうるさい弟あれば　邪魔だから外に行けといい
西に変な顔する兄あれば　集中できないからやめろといい
南に遊びに誘う友だちあれば　今日は遊べないとウソを言い
北に塾の時間だと言う母あれば
バスが来るところまで飛んでいく
みんなにバカとは呼ばれず　苦労して満点を取る
そういうものに　ぼくはなりたい

宮沢賢治について学習した際に高ノ宮くんが書いた詩です。カマちゃんは高ノ宮くんが淡々と詩を読むのを聞いて、「おまえは、やっぱりすげえな」と言いました。

ほめるポイント　個人や集団を支えた人に話題を向ける

ほめるということは大事なことです。しかし、がんばった個人だけを認めていると、薄っぺらなほめ方に陥ります。感動的なほめ方とは、個人や集団を支えた陰の人に話題を向け「たしかにそうだな」と、うならせることです。たとえば、運動会で赤組の優勝の陰に応援団長の粘り強さがあった。団長に拍手と認めながら、しかしがんばれたのは、ライバルの白組団長がいたからだと、注目されていない白組にも話を持っていきます。

スピーチモデル　芸術的、となりをほめる

今日の国語は驚いたね。いつも発言する高ノ宮くんにカマちゃんが質問した。そして、うならせてしまった。カマちゃんに拍手。でもそのカマちゃんの陰に、竹蔵くんの働きかけがあったことを知っているかな。あの発言しろよと言わんばかりの視線、竹蔵くんの働きかけは素晴らしかったよ、拍手。しかし、高ノ宮くんもこのままでは終わらないだろう。明日の両者のからみを楽しみにしているね。

と、授業の終わり際に3人を認めると、だれも悲しい思いをすることなく幸せな気分が満ちてきます。そして、励ます言葉を聞いて学級集団の意欲も高まるはずです。最後は、事故調査委員会をテーマにしたドラマ「ミス・ジコチョー」のセリフで締めくくりました。

「この活躍は授業の終わりであるとともに、これからのはじまりです」

先生って怒るのが仕事なの？

Column. 3

♣品のない怒り方に苦情が来る

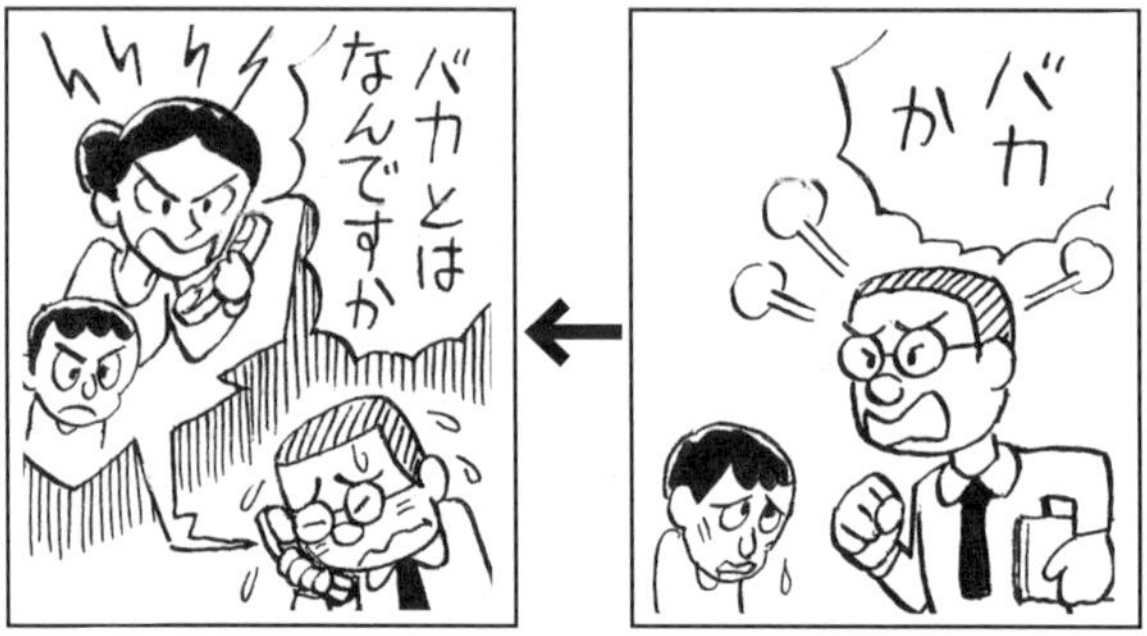

◆怒るのが仕事だと思っていました。嫌われる怒り方！

♠怒りだしたら止まらない。どうする？

おわりに

話し方の本は、私が長いことあたためてきたものです。私は、子どもの頃から人とコミュニケーションをとるのが苦手でした。幼稚園の頃は登園拒否、小学校は休みがちでした。そして、うまく人と付き合えない自分が嫌いでした。学校の先生になってからも、授業や朝の会などで話を聞かない子に対して、どうして話をちゃんと聞かないのかと注意し、放課後になると、

（あそこまで叱らなくても）

と、もうひとりの自分が責めてきました。


あるとき、学級づくりの講演会に参加して、うとうとしました。旅館の広間でした。ハッとして目を覚ますと、隣の人もその向こうの人も目をこすっている。

（みんな居眠りしていたんだ・・・）

ところが、よく見るとまわりの人は、ハンカチで目頭を押さえている。

（ええっ、あれは涙か。話を聞いて泣くのか？）

話はこんな内容でした。

勉強がまったくできない子がいてね、その子が漢字テストで初めて82点をとった。お母さんが喜んで、デパートのレストランへ連れて行きました。デパートのレストランは、この親子にとってめったに行かない特別な場所です。

「かつ丼、ひとつお願いします」

注文すると子どもが、

「母さんの分は？」

と聞いた。

「母さんは、お腹がいっぱいなの」

と答えたそうです。ふたり分注文する余裕がなかった。お母さんは、子どもが食べるのをじっと見ていたと、味のある独特な語り方をしました。

ポロポロと涙が流れました。そして、

（ぼくの話は、おもしろくなさすぎる）

初めて自分の話し方を振り返りました。私はその先生に弟子入りしました。そして、話術や授業の仕方を学びました。

もうひとつ劇的な出会いがありました。竹内常一先生の講演を聞いているときでした。終わり際に、

「リーダーっていうのはね、孤独なんだよ」

と話され、

(えっ、どこが。リーダーって輪の中心にいる、うらやましい人でしょう?)

突然、もっと話が聞きたくなりました。

人の話を聞いてもっと知りたいと思ったのは、生まれて初めてでした。こういう、相手が「知っている」と思っていることをひっくり返す話し方がしたいと強く思いました。

それから朝の会で話すことをノートに書きました。授業のまとめや朝の話をプチ講演会として位置づけ、子どもたちに工夫して話しました。10年続けました。コツは、導入とクライマックスにありました。講演を聞くときは、話の内容とは別に、話の組み立てをメモするようにしました。

話し方は、鍛えれば鍛えるほど上達します。だからあなただって、うまくなります。話し方を意識すれば、クラスが変わり、子どもが変わる。うれしいことです。

最後になりましたが、出版にあたり色々と気を配ってくださった高文研代表の飯塚直さん、編集を担当してくださった仲村悠史さんに深く感謝いたします。

エピソードで締めくくりたいと思います。

ものすごく荒れる子がいて、その子が学校を抜け出し非行グループと接触する。説教しても飛び出す。それで、地域のおばあちゃんに郷土料理を作ってもらいながら、人生を語ってもらう計画を立てました。校長も乗り気でした。

ところが、職員会議で提案するとベテランの先生が、

「衛生管理が厳しい今、こんなことをしていいのか」

すごい剣幕で騒ぎ出し、

「校長は知っていたんですか」

と、追及しました。校長は渋々立ち上がり、

「・・・初めて聞きました」

と、裏切った。

この場面、講演を聞いている人たちがどっと笑いました。実際は私がひどく落ち込んだところです。なのに笑う。ここにも話の奥深さがありました。

話がうまいとは、聞き手が元気を取り戻し、再び前を向いて立ち上がるということです。あなたの、ささいな日常の出来事や失敗談も、他の人にとっては「いい話」かもしれません。

丹野　清彦

丹野清彦（たんの・きよひこ）

大分の公立小学校で働き、人生の楽園を夢見て北海道へ移住する。しかし、人と関わる仕事があきらめきれず沖縄へ。現在は琉球大学教授。全国生活指導研究協議会研究全国委員。
おもな著書に『子どもの願い　いじめvs12の哲学』『今週の学級づくり』『ドタバタ授業を板書で変える』『子どもをハッとさせる教師の言葉』『子どもと読みたい子どもたちの詩』『少年グッチと花マル先生』（以上高文研、溝部清彦名義もあり）。共著に『班をつくろう』『リーダーを育てよう』『話し合いをしよう』『保護者と仲良く』『気になる子と学級づくり』（以上クリエイツかもがわ）などがある。

子どもが変わるドラマのセリフ
もっと話がうまくなる

●二〇二〇年　四　月　五　日——————第一刷発行

著者／丹野清彦

発行所／株式会社　高文研
東京都千代田区神田猿楽町二―一―八
三恵ビル（〒一〇一―〇〇六四）
電話０３＝３２９５＝３４１５
http://www.koubunken.co.jp

印刷・製本／三省堂印刷株式会社

★万一、乱丁・落丁があったときは、送料当方負担でお取りかえいたします。

ISBN978-4-87498-718-6　C0037